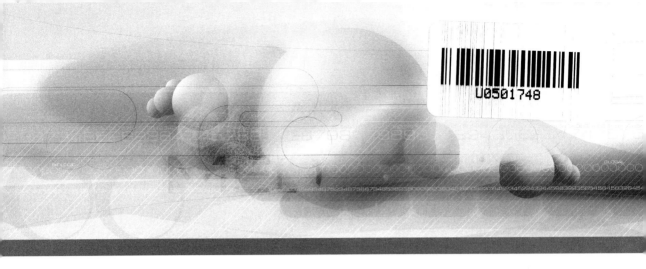

 高等职业院校职业素质教育改革创新教材

大学生职业生涯规划与创新创业

DAXUESHENG ZHIYE SHENGYA GUIHUA YU
CHUANGXIN CHUANGYE

主 编 杨 诚

高等教育出版社·北京

内容提要

本书是高等职业院校职业素质教育改革创新教材。

本书分为三个模块,分别为"职业生涯规划""创新思维""创业理论与实践",包括:职业生涯规划概述、自我认知、职业生涯规划实施;创新思维与创新精神、创新方法与技巧;创业与创业精神、创业团队的组建与管理、创业机会识别与评估、商业模式、商业计划书与路演展示、创业企业的开办与管理共 11 章。每章都精选了教学案例,设计了课堂讨论、实践拓展等内容,有助于提高学生的独立思考能力、职业规划能力与创新创业能力。

本书既可作为高等职业院校公共基础课教材,也可作为社会人员学习职业生涯规划与创新创业知识的参考用书。

图书在版编目(CIP)数据

大学生职业生涯规划与创新创业 / 杨诚主编. — 北京:高等教育出版社,2021.11(2022.9 重印)

ISBN 978-7-04-057166-0

Ⅰ. ①大… Ⅱ. ①杨… Ⅲ. ①大学生-职业选择-高等职业教育-教材 Ⅳ. ①G717.38

中国版本图书馆 CIP 数据核字(2021)第 208240 号

| 策划编辑 | 赵力杰 | 责任编辑 | 赵力杰 | 封面设计 | 张文豪 | 责任印制 | 高忠富 |

出版发行	高等教育出版社	
社　　址	北京市西城区德外大街 4 号	网　　址　http://www.hep.edu.cn
邮政编码	100120	http://www.hep.com.cn
印　　刷	江苏德埔印务有限公司	网上订购　http://www.hepmall.com.cn
开　　本	787mm×1092mm　1/16	http://www.hepmall.com
印　　张	11.25	http://www.hepmall.cn
字　　数	256 千字	
购书热线	010-58581118	版　　次　2021 年 11 月第 1 版
咨询电话	400-810-0598	印　　次　2022 年 9 月第 3 次印刷
		定　　价　30.00 元

编写审定委员会

编委会主任：张耀天

编委会副主任：徐泽胜　陈奇良　杨　诚　庞永红　张　立　姚樊樊

编　　　委：陈　凯　邓光芳　黄　亮　李　健　卢凯林　罗春雷　庞家胜
　　　　　　孙前会　王　敏　文　竹　邬江涛　吴潘贤　谢　磊　徐沛发
　　　　　　颜　希　殷秀岱　张　芳　张　倩　张洪梅　钱　潇　刘　威
　　　　　　马福骁　黄　亮　曾玉山　陈　云

本书编写组

主　编：杨　诚

副主编：张洪梅　钱　潇

参　编：刘　威　马福骁　黄　亮　曾玉山　陈　云

前 言

习近平总书记在十九大报告中提出"建设教育强国是中华民族伟大复兴的基础工程，必须把教育事业放在优先位置，深化教育改革，加快教育现代化，办好人民满意的教育"。要办好人民满意的教育，必须把握新形势新任务提出的新要求，培养知识型、技能型、创新型劳动者大军，引导学生从"被动适应"转变为"主动挑战"，切实解决大学生就业难的问题。

以创业教育促进大学生就业是解决当前大学生就业难的有效方式。大学生创业教育促使就业观念由传统型向市场型转变，促使就业认识由感性向理性升华，促使就业思维从线性向非线性转变；创新就业方式，使之由被动性就业向主动性就业发展，由饱和性就业向增长性就业发展，由稳定性就业向竞争性就业发展；提升了就业效果，表现为学生的就业能力增强，就业规模扩大，就业结构优化。

本书围绕就业创业这一主题，引导学生树立正确的就业创业意识，学会职业规划和自我认知，了解国家大政方针和社会需求，明确自身定位，自发提升就业创业能力，实现由学生到社会人的顺利过渡，最终成就华彩人生。

编者在编撰本书的过程中，进行了三个方面的努力：一是全面分析中外职场发展道路的基本规律、最新趋势和主要特征，潜心研究全社会给予当今大学生的期望、机遇和压力，由此确定全书的整体架构；二是认真反思各行各业对大学生的综合素质和职业技能所提出的具体要求，深刻洞察未来社会对大学生的思维方式和行为方式所产生的特殊影响，由此确定全书的表述重点；三是科学评判当今大学生的优势与特长，深刻揭示当今大学生的劣势与不足，由此确定全书的核心素材。

本书分为三个模块，分别为"职业生涯规划""创新思维""创业理论与实践"。"职业生涯规划"包括：职业生涯规划概述、自我认知、职业生涯规划实施；"创新思维"包括：创新思维与创新精神、创新方法与技巧；"创业理论与实践"包括：创业与创业精神、创业团队的组建与管理、创业机会识别与评估、商业模式、商业计划书与路演展示、创业企业的开办与管理。

　　本书结构合理、观点新颖、取材实用、内容科学、表述精练。案例设计突出指导性、实用性和可读性，可供大学生在做职业生涯规划和就业创业时参考，也可作为社会人员学习就业创业知识、提高就业创业技巧的培训、指导用书。

　　由于水平及时间所限，本书难免存在疏漏之处，恳请有关专家、广大师生批评指正。

编　者

2021 年 10 月

目　录

第一篇

职业生涯规划

第一章 职业生涯规划概述

第一节 职业生涯规划的概念

方文山的职业生涯规划

方文山？周杰伦的最佳拍档！周杰伦说，没有方文山，我的歌不会这么成功。方文山的歌词充满画面感，文字剪接宛如电影场景般跳跃，在传统歌词创作的领域中独树一帜。

方文山做过防盗器材的推销员，还曾帮别人送过外卖，送过报纸，做过中介、安装管线工。

他原来的理想是做一位优秀的电影编剧，进而成为合格的电影导演，但当时电影市场的不景气让他望而却步，只好退而求其次地拼命创作歌词。

方文山当时最喜欢的是电影，写歌词只是他迂回进入电影圈的一个手段。方文山在做管线工之余，把大量的时间花在创作歌词上，他还选出了100多首，集成词册。

这时候，方文山开始了他的求职之路。他翻了半年内所有的CD内页，找最红的歌手和制作人，把集成册子的歌词邮寄给他们，一次寄100份。为什么要寄这么多份？方文山是做了计算的，他估计经许多人层层转手，大概只有五六份能被目标人物收到。他估计得太乐观了，这样的求职行为持续了一年多，结果都是石沉大海。直到有一天，他接到吴宗宪的电话，同时吴宗宪还签下了一位会弹钢琴的小伙子——周杰伦。

被吴宗宪发掘并赏识以后，方文山进入华语流行音乐界，和周杰伦结成黄金搭档，被广泛接受和认可，真正地成为"华语乐坛回避不掉的人物"。

点评：看到以上方文山的成功之路，每个有梦想的人可能都会兴奋不已，好似都找到了可以成功的捷径。实际上成功之路远没有那么简单，也不是所有的途径都可以被"复制"。别人能用这种方法成功，你则未必。方文山的求职之路是否有可以借鉴的地方呢？那当然是有的。

第一，路径无法"复制"，但精神可以"复制"。你如果能像方文山一样，不放弃自己的梦想，便有成功的可能。

第二，求职时考虑企业需求。方文山那本歌词集的第一页有一封言辞恳切的信，他说，这是我去芜存菁后的作品，已经预埋了音乐韵脚，而且充分考虑了流行音乐承转的节奏要求。求职信是给人看的，不是自我梦呓和陶醉，要充分考虑对方的需求，提供他人认可的价值。

第三，多渠道求职。方文山说，进入"圈子"以后他才知道这个寄歌词的渠道有问题，实际上这个"圈子"大多通过圈内的编曲老师推荐，艺人的同学朋友推荐。而我比较幸运，刚好赶上吴宗宪想组建音乐工作室。方文山被吴宗宪相中有偶然性，如果他在求职之前先尽量接触"圈子"，尽量获取信息，则有可能更快地成功。

一、职业

职业与每一个人密切相关，职业发展将会伴随每个人的一生，职业定位是职业规划过程中必不可少的一部分。

（一）职业的含义

职业是指在不同的专业领域中一系列相似的服务，即从业人员为获取主要生活来源而从事的社会性工作类别。根据中国职业规划师协会的定义：职业＝职能×行业。

（二）职业的特征

1. 职业的社会属性

职业是人类在劳动过程中的分工现象，它体现的是劳动力与劳动资料之间的结合关系，也体现出劳动者之间的关系。劳动产品的交换体现的是不同职业之间的劳动交换关系。这种劳动过程中结成的人与人的关系无疑是社会性的，他们之间的劳动交换反映的是不同职业之间的等价关系，这反映了职业活动、职业劳动成果的社会属性。

2. 职业的规范性

职业的规范性包含两层含义：一是指职业内部的规范操作，二是指职业道德的规范性。不同的职业在其劳动过程中都有一定的操作规范性，这是保证职业活动的专业性要求。当不同职业对外展现其服务时，还存在一个伦理范畴的规范性，即职业道德。这两种规范性构成了职业规范的内涵与外延。

3. 职业的经济性

职业的经济性是指职业作为人们赖以谋生的劳动过程，其所具有的逐利性。职业活动既满足职业者自己的需要，也满足社会的需要，只有把职业的个人价值与社会价值结合起来，职业活动及职业者的职业生涯才具有生命力和意义。

4. 职业的技术性和时代性

职业的技术性指不同的职业具有不同的技术要求。职业的时代性指职业由于科学技术的变化，人们生活方式、习惯等因素的变化导致职业打上那个时代的"烙印"。

（三）职业的分类

我国政府于 2015 年颁布的修订版《中华人民共和国职业分类大典》，将职业归为 8 个大类,共 1 481 个职业。这部大典对职业进行了科学的划分和归类,全面客观地反映了现阶段我国社会职业结构状况。在 8 个大类中,职业还被分为 75 个中类、434 个小类,包括国家机关、企事业单位、农林牧渔等国民经济的各个方面。

这 8 个大类分别是:

第一大类:党的机关、国家机关、群众团体和社会组织、企事业单位负责人,其中包括 6 个中类,15 个小类,23 个细类;

第二大类:专业技术人员,其中包括 11 个中类,120 个小类,451 个细类;

第三大类:办事人员和有关人员,其中包括 3 个中类,9 个小类,25 个细类;

第四大类:社会生产服务和生活服务人员,其中包括 15 个中类,93 个小类,278 个细类;

第五大类:农、林、牧、渔业生产及辅助人员,其中包括 6 个中类,24 个小类,52 个细类;

第六大类:生产制造及有关人员,其中包括 32 个中类,171 个小类,650 个细类;

第七大类:军人,其中包括 1 个中类,1 个小类,1 个细类;

第八大类:不便分类的其他从业人员,其中包括 1 个中类,1 个小类,1 个细类。

 案例分享 1 - 1 ....

参与职业体验　寻找就业机会

吴喜,某高校电子专业的毕业生。在大三的时候,他为深入了解自己的专业以及专业在行业中的实际应用,选择在重庆某通信设备制造厂进行专业实践,了解未来专业就业方向、工作环境及其性质。他对实习工作的脏、累、苦记忆犹新,也对工厂的工程师们丰富的工作经验、在工作岗位上无私奉献的精神印象深刻。回想这 30 天的工作,他收获满满,了解了电子专业一线工作人员的工作环境、工作性质,思考了自己未来的职业发展方向。这为他做好职业定位,提供了决策的依据,他也确立了到 OPPO 公司工作的目标。

点评:大学生要积极参加实践活动,业余时间里,应积极、主动地寻找机会,到感兴趣的工作岗位上去体验。通过实践,了解该岗位的工作性质、内容、职业前景、福利待遇等。在职业体验阶段,赚多少钱不重要,重要的是亲身体验。

二、职业生涯

(一)职业生涯的含义

职业生涯是一个人一生所有与职业相关的行为与活动,以及相关的态度、价值观、愿望等连续性经历的过程,也是一个人一生中职业、职位的变迁及职业目标的实现过程。简单地说,一个人职业发展的状态、过程及结果构成了个人的职业生涯。一个人对其职业发展有一定的控制力,他可以利用所遇到的机会,从自己的职业生涯中最大限度地获得成功与满足。

（二）职业生涯的特点

1. 社会性

随着时代不断地发展变化,会出现很多新兴的职业,这对职业人也提出了不同的要求,所以我们在设计自己的职业生涯规划时,一定要分析社会需求,择世所需。

2. 适时性

职业生涯规划是对未来的职业生涯目标和未来职业行动的预测。因此,各项活动都应该有时间和顺序上的安排,以便作为检查行动的依据。

3. 灵活性

规划未来的职业生涯目标与行动,涉及很多不确定因素,因此,规划应有弹性。随着外界环境和自身条件的变化,个人应及时调整自己的职业生涯规划方案,以增加其适应性。

4. 持续性

持续性,也称发展性。职业生涯目标是人生追求的重要目标,职业生涯规划应贯穿人生发展的每个阶段,经过不断地调整职业活动安排,最终实现职业生涯目标。

5. 独特性

独特性,即差异性。每个人的个性、能力都不同,每个人都是社会上独立的个体。职业生涯规划也要基于自身的条件制订,因此千万不要跟风随大流、人云亦云。我们要对自己进行准确客观的分析,择己所爱,择己所长。

6. 可行性

职业生涯规划必须依据个人实际情况及其所处环境来制订,不能是一些不着边际的幻想。我们所制订的计划必须具有可行性。

三、职业生涯规划

（一）职业生涯规划的含义

职业生涯规划也叫"职业规划",是指个人与组织相结合,在对一个人职业生涯的主客观条件进行测定、分析、总结的基础上,对自己的兴趣、爱好、能力、特点进行综合分析与权衡,结合时代特点,根据自己的职业倾向,确定最佳的职业奋斗目标,并为实现这一目标做出行之有效的安排。

（二）职业生涯规划的基本原则

（1）清晰原则：考虑目标措施是否清晰明确,实现目标的步骤是否直截了当。

（2）变动原则：目标或措施是否有弹性或缓冲性,是否能依据环境的变化而调整。

（3）一致原则：主要目标与分目标是否一致,目标与措施是否一致,个人目标与组织发展目标是否一致。

（4）挑战原则：目标与措施是否具有挑战性。

（5）激励原则：目标是否符合自己的性格、兴趣和特长,是否能对自己产生内在激励作用。

（6）合作原则：个人的目标与他人的目标是否具有合作性与协调性。

（7）全程原则：拟定生涯规划时必须考虑到生涯发展的整个历程。

（8）具体原则：生涯规划各阶段的路线划分与安排必须具体可行。

（9）实际原则：实现生涯目标的途径很多，在做规划时必须考虑到自己的特质、社会环境、组织环境以及其他相关的因素，选择确定可行的途径。

（10）可评量原则：规划的设计应有明确的时间限制或标准，能评量、检查，使自己随时掌握执行状况，并为规划的调整提供参考依据。

 案例分享 1-2 •••

张妮（化名），籍贯四川省自贡市，目前就读于重庆经贸职业学院商务学院国贸专业，任团支部书记，性格开朗、积极向上。她入学以来，除学习本专业知识之外，业余生活也非常丰富，参加学校舞蹈社，爱好健身、茶艺，并代表学校参加各类舞蹈比赛获得诸多奖项。

张妮的父母在四川家乡开了一家鲜花店，受家庭环境影响，她在大学期间兼职从事销售工作，收入基本满足大学期间的每月生活费。同时，张妮是家里的独生女，父母对她的职业选择都给予支持，对她没有过多的要求，张妮对自己的就业方向十分迷茫。目前，张妮遇到的问题是即将到来的大三，如何确定自己的就业方向，她的想法有三个：回家创业、留渝就业、去亲戚在广东的工厂就业。辅导员详细了解了她的情况后，认为她目前主要有这几个问题：① 有焦虑情绪；② 自我认识不清楚，导致职业定位比较困难；③ 不知道该如何选择实习单位。因此，辅导员根据帕森斯的特质因素理论，按照职业生涯规划的四个步骤，帮助她解决了职业定位问题。

点评：案例中张妮遇到的职业生涯规划问题，也是我们大多数在校大学生通常会遇到的问题，这就需要我们系统地学习职业生涯规划知识，科学地进行职业生涯规划，必要时可求助辅导员或专业的职业生涯规划师。

第二节　职业生涯规划的内涵与类型

施瓦辛格的职业生涯故事

四十多年前，一个十多岁的穷小子，身体非常瘦弱，却立志长大后做美国总统。如何能实现这样宏伟的抱负呢？经过思索，他拟订了一系列目标。

做美国总统首先要做美国州长，要竞选州长必须得到雄厚的财力支持，要得到财团的支持就一定得融入财团，要融入财团最好娶一位豪门千金，要娶一位豪门千金就必须成为名人，成为名人的快速方法就是做电影明星，做电影明星前得练好身体。

按照这样的思路，他开始行动。某日，当他看到著名的体操运动主席库尔后，他相信练健美是强身健体的好点子。他开始刻苦而持之以恒地练习健美，他想成为世界上最结实的壮汉。凭借着发达的肌肉,一身雕塑似的体魄,在以后的几年中,他囊括了各种世界级的"健美先生"称号。

22 岁时,他踏入了美国好莱坞。在好莱坞,他花费了十年时间,利用自身优势,刻意打造坚强不屈、百折不挠的硬汉形象。终于,他在演艺界声名鹊起。当他的电影事业如日中天时,女友的家庭在他们相恋九年后,也终于接纳了他。他的女友就是赫赫有名的肯尼迪总统的侄女。

2003 年,年逾五旬的他,告老退出影坛,转而从政,成功竞选为美国加州州长。

他就是阿诺德·施瓦辛格。他的经历告诉我们:科学规划,行动有力,就能成功。

点评:施瓦辛格的成功,让我们看到了一个普通人是如何通过自己的努力,一步一步将自己的梦想变成现实的。成功不易,但也并非想象中的那么难。施瓦辛格正是用自己的成功史向我们阐释了职业生涯规划的真谛所在。

其实,职业生涯规划就像爬山,也像开汽车,需要不断调整方向,要有阶段性。

一、职业生涯规划的内涵

1908 年,美国波士顿大学教授帕森斯在波士顿成立职业指导局,迈出了职业指导活动系统化的第一步。帕森斯提出"选择一项职业"要比"找一份工作"重要,并提出职业辅导的步骤。职业生涯规划是许多大型企业人事部门为员工服务的一项重要内容,许多国家的学校教学中也有职业生涯辅导这一课程。

所谓职业生涯规划,是指个人结合自身情况以及外界客观因素,为自己确立职业目标,选择职业发展路径,制订教育、培训和发展计划等,并为自己实现职业生涯目标而确定行动方案。规划的实质是选择追求的目标和实现目标的最佳方案。简而言之,职业生涯规划就是指个人为自身的职业发展所做的策划和准备。大学阶段是大学生职业生涯中的准备期和探索期,对于大学生群体来说,职业生涯规划有着更具体、更重要的内在动力:在大学阶段,应当客观、全面地认识自己的能力、兴趣、个性和价值观,了解各种职业、行业、环境的需求趋势和影响因素,确立职业生涯发展目标,选择实现这一目标的职业方向,制订出行之有效的实施方案,包括相应的学习和培训计划,并做到及时反馈和修订。

二、职业生涯规划的类型

按照规划的时间维度,职业生涯规划可以分为短期规划、中期规划、长期规划和人生规划四种类型。

(1)短期规划。短期规划一般是 2 年及以内的规划,主要是近期目标,规划近期应完成的任务。

(2)中期规划。中期规划一般是 3~5 年的职业目标和任务,是最常见的职业生涯规划类型。

（3）长期规划。长期规划指 6～10 年的规划，主要是设定较长远的目标，以及为实现此目标准备采取的具体措施。

（4）人生规划。人生规划指整个职业生涯的规划，时间长达 40 年，通常会涉及整个人生的发展目标和阶段。

个人职业生涯规划从短期到中期，再到长期，直至整个人生规划，如同台阶需要一步步地发展。在实际操作中，时间跨度太长的规划由于环境和个人自身的变化难以把握，而时间跨度太短的规划意义又不大，所以，应把职业规划的重点放在 3～5 年的中期规划，这样既便于根据实际情况设定可行目标，又便于随时根据现实的反馈修正或调整计划。

 相关链接

1. 择己所爱

从事一项你所喜欢的工作，工作本身就能给你一种满足感，你的职业生涯也会妙趣横生。兴趣是最好的老师，是成功之母。调查表明：兴趣与成功概率有着明显的相关性。在设计自己的职业生涯时，务必注意：考虑自己的特点，珍惜自己的兴趣，择己所爱，选择自己所喜欢的职业。

2. 择己所长

任何职业都要求从业者掌握一定的技能。而一个人一生中不会将所有技能全都掌握。所以你必须在进行职业选择时择己所长，从而有利于发挥自己的优势。运用比较优势原理充分分析别人与自己，尽量选择能够发挥自己优势的行业。

3. 择世所需

社会的需求不断变化，旧的需求不断消失，新的需求不断产生，新的职业也不断产生。所以你在设计自己的职业生涯时，一定要分析社会需求，择世所需。最重要的是，目光要长远，能够准确预测未来行业或者职业发展方向，再做出选择。

第三节　职业生涯规划的意义

面对当前竞争激烈的人才市场，社会对高素质人才的要求越来越高，加之全国高校扩招规模增幅大，使得大学应届毕业生人数逐年增加，大学毕业生所面临的就业形势尤为严峻。因此，高校大学生如何规划好自己的职业生涯，如何掌握当今社会真正需要的技能，成为整个社会共同关注的热点问题。

一、挖掘个人自身潜能的第一课

戴尔·卡耐基曾说："多数人都拥有自己不了解的能力和机会，都有可能做到未曾梦想过的事情。"潜能是沉睡在每个人大脑深处的智慧，虽然每个人都蕴藏着无限的潜力，但并不是每个人都能使其得到最大限度的发挥。通过职业生涯规划对个人进行全面的自我分析,包括兴趣爱好、性格特征、能力特长、职业价值观等,充分了解自身的优势和不足,从而去激发个人潜能。知道了我是谁,我能干什么,考虑我要干什么,实现自我认知和定位,使个性得到不断的发展和完善,充分发挥个人的才干,促进个体健康发展,这是走好自己未来道路的基础。由此可见,职业生涯规划能激发大学生的潜能,明确个人发展的目标和方向。

二、实现人生职业目标的第一步

"凡事预则立,不预则废"。面对当前激烈的竞争环境,如果我们在大学初期就做好职业生涯规划,对以后就业或创业大有裨益。及时有效的规划未来是明智之举,而瞄准目标是一个人职业事业的重要起点。

现在很多学生没有正确认知到当今就业形势的严峻性,认为职业规划和就业选择距离自己还很遥远,导致其在大学学习期间一味地沉迷于娱乐活动,忽视专业学习和个人能力的提升。"计划赶不上变化,还是走一步算一步好",有这样观念的学生群体数量非常庞大,殊不知大学时光很快就过去了,他们在走向求职之路时很容易受挫碰壁。这是对职业规划缺乏足够的重视导致的。真正有规划的人,从入学开始就清楚地知道自己想要什么,自主培养正确的价值观、成才观、择业观和就业观,他们在大学期间,就会有意识地积累多层面的知识、提升各方面的能力,这类人在面临职业世界时,能够泰然处之。

三、激发自主创业的第一程

在知识经济社会中,大学生想更好地规划自己今后的职业发展路径,必须具备知识的整合和转换能力,而创新意识和创新能力正是整合和转换的关键。职业生涯规划教育是培养大学生创新意识的重要渠道,对大学生的创新思维养成和创新能力提升有着不可替代的作用。而在创新意识和创新能力的指引下,能够有效帮助大学生找准定位,学生能根据自己的专业和未来找到想要从事的职业,不断完善自身的知识和能力结构,推动职业生涯的可持续发展,实现个人价值和社会价值的统一。大学生作为未来社会建设的主力军,必须在进行职业规划之余,不断强化自身的创业意识和创新能力,不断学习新技术、新方法,才能在未来激烈的社会竞争中占得先机。

四、适应变幻莫测时代的第一计

随着网络及信息技术的快速发展和普及,以"互联网+"为背景的行业发展模式逐渐打破了传统和单一的行业发展模式,形成了以"传统行业"和"互联网"相结合的全新的商业形态。"互联网+"时代的到来,给我们的日常生活和工作都带来了影响,也给大学生的就业带来了更多的机遇和挑战。大学生只有充分认知当今的就业形势、顺应时代的就业趋势,适时根据社会需要调整个人职业生涯规划,了解企业的用人标准,明确个人今后的努力方向,勇于走出校门、走向社会,才能够不断取得职业的成功。

案例分享 1-3 ··

杨澜的成功

　　杨澜,毕业于北京外国语学院(现北京外国语大学)英语系。在大学期间,她就明确自己想要什么,并以"想要成为一名传媒人"作为自己的职业目标。她大学毕业后就进入中央电视台主持《正大综艺》;后赴美留学,获哥伦比亚大学国际事务硕士学位;回国后,加入凤凰卫视做名人访谈节目,2000年担任阳光文化网络电视有限公司主席。很多人都说她太幸运了。从著名节目主持人到制片人,从传媒界到商界,她成功实现了人生的转型。杨澜是幸运的,但这种幸运,需要睿智的眼光、独到的操控能力,是职业经历累积到一定程度厚积薄发而来的。就像杨澜自己说的那样:"一次幸运并不可能带给一个人一辈子好运,人生还需要你自己来规划。"

　　思考: 杨澜在规划自己的职业生涯方面,有哪些值得我们借鉴的地方?

◆◇

 课堂讨论

　　1. 请简述读大学对你而言的意义,并思考你将如何度过大学三年的时光。

　　2. 你最向往的职业是什么? 现在学的专业和你未来想要从事的职业相匹配吗?

第二章　自我认知

第一节　兴趣：我喜欢做什么

从北大退学读技校的周浩

2008年,周浩高考考出了660多的高分,喜欢机械的他想报考北京航空航天大学,但在家人的劝导下,最后他选择了很多人羡慕的北京大学。

妥协后的他在北大的两年学习"痛不欲生",因为在北大学习的专业不是周浩感兴趣的。终于在2011年他做出一个重大决定,从北大转到北京工业技师学院,开始了人生新的起点。最终,周浩的努力没有白费。凭借北大的理论基础和北京工业技师学院的技术学习,周浩慢慢朝着知识技能复合型人才的方向努力,他成为学院最优秀的学生之一。毕业后周浩选择留校任教,成为一名老师。2018年,他在全国第一届技工院校教师职业能力大赛中斩获机械类一等奖。

点评:周浩考上了很多人艳羡的北大,但所学专业并不是他的兴趣所在。他在北大学习期间不仅未取得好的成绩,反而感到痛苦万分。周浩学习痛苦的主要原因之一就是所选非所爱。同样,做职业选择时,要先弄清楚自己的兴趣在哪里,喜欢做什么。只有这样,才有可能取得职业发展的成功。

一、兴趣与职业兴趣

兴趣是一个人愉悦地去探索某种事物的心理倾向。在此探索过程中,心情是舒畅的,过程是享受的,乐在其中。爱因斯坦曾说"兴趣是最好的老师"。在实际生活中,如果一个人对某类活动有强烈的喜好,就会乐此不疲。每个人的喜好不同,选择就会不同。

职业兴趣是影响一个人职业选择和发展非常重要的个性心理倾向之一。一个人对工作的兴趣与其成就大小密切相关,如果对自己所从事的工作非常感兴趣,那么获得成功的概率就会增大。调查研究表明,60%的人认为专业不对口是自己跳槽的主要原因。

如果我们对某种职业活动有了兴趣,就能持续努力而不知疲倦。有关资料显示,一个人如果从事自己感兴趣的职业,则能发挥全部才能的80%～90%,能长时间保持高效率和创造性,且不会厌倦;如果从事不感兴趣的职业,只能发挥全部才能的 20%～30%,且容易出现职业倦怠。

二、职业兴趣与职业生涯规划

职业兴趣和职业生涯发展存在内在的联系。若我们对一件事情感兴趣,我们就会主动地投入一定的时间和精力去完成它。任何一件事情我们投入的精力和时间多了,我们做好这件事情的能力就会相应提升,在能力提升之后我们就会比其他人做这件事情更得心应手,其结果可能就会更圆满,我们从这件事情当中就会获得更多的满足感、成就感,越有成就感的事情我们就更愿意去做,这样就形成了一个兴趣、精力、能力三者之间的良性循环。

微课：兴趣与
职业发展

兴趣是推动人们进行求知和学习的重要心理倾向,它能使人集中精力,积极愉快地从事某种活动,它是人们产生内在动力的源泉。那些有所成就的人,都有一个共同的特征:无论学历高低,无论专业背景如何,无论行业方向如何,他们都是在做自己最热爱的事情,并为此珍惜韶华勤奋斗。当我们在探索自己的兴趣的时候,不要考虑太多功利性的因素,我们只需要考虑一件事情,就是根据自己的兴趣爱好来规划自己的人生,选择从事最能给自己带来满足感、愉悦感的职业。这样规划的人生才是无悔的人生,是属于自己的真正的人生。

三、兴趣测试

就个人而言,选择从事自己感兴趣的职业,可以提高工作积极性,发挥个人最大的潜能,更容易获得事业的成功。如何才能较为准确地找到自己真正感兴趣的职业呢?我们可以通过开展职业兴趣测试来了解个人的兴趣方向和兴趣序列。职业兴趣测评的方法有正式测量法和非正式测量法之分。正式测量法是指借用各类测评系统进行测试,结合专业职业测评师一对一解评。非正式测量法包括兴趣岛屿法、访谈法、行为观察法等测试方法。

(一)霍兰德职业兴趣测验

霍兰德职业兴趣理论根据人格特征的不同把人分成了六种人格类型,把世界上的职业环境分成了六类。霍兰德根据其职业人格类型理论编制了自我探索量表(SDS 量表),以评估受测试者的职业兴趣。自我探索量表和霍兰德六种人格类型相对应,可以测出个体在每个类型上的得分以及个体的霍兰德代码。自我探索量表是世界上应用最广泛和研究使用最多的兴趣测评量表。

自我探索量表包括五个部分,适用于 15 岁及以上的人群。

(1)愿景量表。不用考虑自己的能力,不用考虑现实条件,确定自己对哪个职业最感兴趣,就把这个职业记下来。该量表是一个人的兴趣在现实工作中的体现。

(2)活动量表。该量表测自己的兴趣爱好,无论你做得好不好,只根据个人偏好来打分,即假如列表中的活动都能胜任,你倾向做什么。

(3)能力量表。该量表测评能否胜任该活动,无论你是否感兴趣,如果你做过并且做得很好的就打"√",如果你没做过或者你不能胜任的就打"×"。

(4)职业量表。该量表所列举的职业,你是否愿意去做。这些职业都是较为普通的职业,大多数人都了解并清楚这些职业日常是做什么的。

（5）能力自我评价。与周围的同龄人进行比较，评价个人的技能水平的。

在做测评时，要认真阅读各部分的指导语，按要求答题。

（二）兴趣岛屿游戏

假如你在一次抽奖活动中中了头奖，你获得了一次免费度假的机会，有机会去下列六个岛屿中的一个。请不要考虑其他因素，仅凭自己的兴趣挑选出你最向往的岛屿。

（1）1号岛屿：自然原始岛。岛上的居民以手工见长，自己种植，打造器物，制造工具，喜欢户外活动。

（2）2号岛屿：深思冥想岛。岛上的居民喜好观察学习，崇尚和追求真知，喜好和来自各地的哲学家、科学家、心理学家交流。岛上有多处天文馆、科技馆、科学图书馆等。

（3）3号岛屿：美丽浪漫岛。岛上的居民具有浓厚的文化艺术气息，他们喜爱舞蹈、音乐、绘画等，该岛保留了原住民的文化艺术元素，许多文艺界人士都喜欢来这里采风。

（4）4号岛屿：温暖友善岛。岛上的居民相互合作，重视教育，关怀他人，充满着人文气息，岛上居民个性温和、十分友善、乐于助人，社区生活其乐融融。

（5）5号岛屿：显赫富庶岛。岛上的居民喜好企业经营、贸易，比较能言善道。岛上经济发达，来往者多是企业家、经理人、政治家、律师等。

（6）6号岛屿：秩序井然岛。岛上的居民个性冷静保守，处事有条不紊，善于组织规划，细心高效。岛上建筑十分现代化，是进步的都市形态。

请你选出最向往的三座岛屿，并列出原因。

其实这六座岛屿对应六种不同的兴趣类型：1号岛屿对应实用型；2号岛屿对应研究型；3号岛屿对应艺术型；4号岛屿对应社会型；5号岛屿对应企业型；6号岛屿对应事务型。

四、如何挖掘自己的职业兴趣

兴趣是可以挖掘的，也是可以培养的。挖掘自己的职业兴趣可以从以下几个方面入手：首先，搜寻职业信息。专业背后对应的是行业和职业，不能在不了解职业的情况下就作出自己感兴趣与否的结论。要多搜集自己所学专业对应职业群的信息，关注其现状和未来发展趋势，多了解行业从业人士的真实感受，通过真人真事感悟相关职业带来的乐趣。其次，梳理梦想职业。回忆一下你平时在无所事事的时候脑子里都会想什么，电视节目中哪些职业是你羡慕的职业，通俗地讲就是你做梦都想做的是什么。可以将自己的梦想职业罗列出来，并进行排序，找一些人，比如家长、老师来帮助自己分析一下兴趣点到底是什么。最后，拓展兴趣范围。要培养广泛的兴趣爱好，增强对陌生事物的好奇心；积极参与职业实践活动，在实践活动中感受获得成功的快乐；可以将其他职业的成功经验，借鉴推广到自己的工作中，从而获得成功。

 实践拓展

找到自己的最爱

指导语：请在符合你的描述项目后打"√"；在最不符合的项目后面打"✕"；若不确定，则打"？"。

01. 我很希望拥有强壮而敏捷的身体□	31. 我喜欢独立完成一个活动□
02. 我必须彻底地了解事情的真相□	32. 我渴望接触或思考任何可以引发我好奇心的事物□
03. 我的心情容易受到音乐、色彩、写作和美丽事物的影响□	33. 我喜欢尝试新的事物□
04. 和他人的关系丰富了我的生命□	34. 如果我和别人发生摩擦,我会不断地尝试化解矛盾□
05. 我对成功充满信心□	35. 想要成功就必须定高目标□
06. 我做事时必须有清楚的指示□	36. 我不喜欢为重大决策负责□
07. 我擅长自己制作、修理东西□	37. 我喜欢直言不讳,不喜欢转弯抹角□
08. 我可以花时间去想通事情的道理□	38. 我在解决问题前,必须先彻底分析问题□
09. 我对美丽的环境很在乎□	39. 我喜欢重新布置环境使它与众不同□
10. 我喜欢花时间帮助别人解决个人危机□	40. 我常通过和别人的交谈来解决问题□
11. 我喜欢竞争□	41. 我常开始一个计划后,小细节由别人完成□
12. 开始一个活动前会花很多时间去计划□	42. 准时对我而言非常重要□
13. 我喜欢使用双手做事□	43. 从事户外活动令我神清气爽□
14. 探索新构思使我满意□	44. 我不断问为什么□
15. 我总是寻求新方法来发挥我的创造力□	45. 我喜欢自己的工作能够抒发我的情绪和感觉□
16. 我认为能把自己的焦虑和别人分享是很重要的□	46. 我喜欢帮助别人找出可以互相关注其他人的方法□
17. 成为团体中的关键人物,对我很重要□	47. 能够参与重大决策是件令人兴奋的事□
18. 我认为重视工作中的所有细节很重要□	48. 我经常保持整洁,做事有条不紊□
19. 我不在乎工作时把手弄脏□	49. 我喜欢周围环境简单而实际□
20. 我认为教育是个发展及磨炼脑力的终身学习过程□	50. 我会不断地思索一个问题,直到找出答案为止□
21. 我喜欢非正式的穿着,尝试新颜色和新款式□	51. 大自然的美深深地触动我的灵魂□
22. 我常能体会到某人想要和他人沟通的需要□	52. 亲密的人际关系对我重要□
23. 我喜欢帮助别人自我改进□	53. 升迁和进步对我是极其重要的□
24. 我在做决定时,通常不愿冒险□	54. 当我把每日工作计划好时,我会较有安全感□
25. 我喜欢买小零件,将其做成成品□	55. 我不害怕过重的工作负荷,并知道工作重点是什么□
26. 有时我可以长时间地阅读、玩拼图游戏或冥想生命本质□	56. 我喜欢使我思考、给我新观念的书□
27. 我有很强的想象力□	57. 我期望能看到艺术表演、戏剧及好电影□
28. 我喜欢帮助别人发挥其天赋和才能□	58. 我对别人的情绪低潮相当敏感□
29. 我喜欢监督事情的完工□	59. 能影响别人使我感到兴奋□
30. 如果我将处理一个新情境,我会在事前做充分的准备□	60. 当我答应做一件事时,我会竭尽所能地监督所有细节□

计分方式：① 分别算出每种类型打"√"和打"╳"的总数，然后在同一类型中将打"√"的总数减去打"╳"的总数，便得到每种职业兴趣类型的分数。② 各职业兴趣类型对应的题号：现实型(1、7、13、19、25、31、37、43、49、55)；研究型(2、8、14、20、26、32、38、44、50、56)；艺术型(3、9、15、21、27、33、39、45、51、57)；社会型(4、10、16、22、28、34、40、46、52、58)；影响型(5、11、17、23、29、35、41、47、53、59)；常规型(6、12、18、24、30、36、42、48、54、60)。③ 选出得分最高的三个类型，然后从高到低排列，三个类型的组合便是你的霍兰德代码。

第二节　性格：我适合做什么

特别不喜欢人多的张鑫

张鑫的职业身份是一名保险代理人，通常意义上销售类型的工作更适合外向性格者，但张鑫是典型的内向性格。正因如此，一年前当她宣布进入保险行业时，周围的人并不看好，都说她"你脸皮太薄了"，反而她自己并没有太多犹豫。下定决心去这样一个外向倾向的行业，源于父亲生前的那场病，病痛不仅带走了张鑫大量的积蓄，也带走了她的父亲。自那以后，张鑫自学了大量的保险知识，决定转行。

张鑫看起来的确不像是传统认知中"卖保险的"，她在讲述自己的一些经历和看法时很健谈，但她没有表现出试图说服别人的意思。在人多的场合表现得安静、低调，不喜欢参加社交活动，不喜欢公开演讲，不喜欢管理别人。

张鑫发现，这样的工作方式确实不适合自己，她要不断地突破自我然后才能突破客户，销售指标让她倍感压力巨大。内向性格者往往不善于主动争取机会或是展现自己，在挖掘客户的时候往往要比外向性格者来得更慢一点。至于未来是否还继续从事这份工作，张鑫还在纠结中。

点评：内向性格的张鑫选择了与她性格特征相反的职业——保险代理人。保险代理是一个需要经常与人打交道，需要主动争取机会达成交易的职业。而张鑫在人多的场合十分安静、低调，不喜欢参加社交活动，不擅长主动去争取客户，张鑫在做职业选择时忽略了性格与职业的匹配度。性格反映人的生活，同时又影响人的行为方式。了解自己的性格，把握其变化规律，有助于择业、创业、立业。因此，在选择职业时，必须充分分析自己的性格特征。

一、性格与职业选择

性格是人对现实的稳定态度和习惯化行为方式的总和，表现为个体独特的心理特征。

性格在社会生活中是逐渐形成的,同时也受个体的生物学因素影响。性格因人因时而异,不同的人性格类型迥异,同一个人在不同的年龄阶段性格也会有所变化。有的人活泼开朗,有的人温和善良,有的人安静低调。

性格类型与职业之间存在一定关联性:一方面,不同性格类型的人需要适应不同职业的环境和要求;另一方面,从事某种特定职业的人,会按照职业要求不断巩固或者调整原有的性格特征。但是,性格与职业之间并不存在严格的一一对应关系。不同性格类型的人在同一职业领域中,能够各具特色。同一性格的人在不同的职业领域中,也会各显魅力。

微课：职业
性格

当人们在做职业生涯规划时,经常会产生一些疑惑:以我的性格适合那样的工作吗?性格对职业选择有什么影响呢?从职业选择角度来说,每一种性格都有其优势。职业选择与发展不是弥补劣势,而是要发挥优势。若性格类型与职业环境相匹配,职业人能提升工作效率,获得更好的职业发展。从人职匹配的理论来看,个人的性格与职业环境的一致性比较高的话,职业人就会愉快地享受工作。否则,职业人在完成工作时,就容易心力交瘁、疲惫不堪。所以,最好的工作就是与职业人性格相匹配的工作。

二、影响职业性格的因素

职业性格是指人们在长期特定的职业生活中所形成的与职业相联系的、稳定的心理特征。影响人们职业性格的因素有生理因素、家庭因素、社会因素等。

生理因素的影响是指个人的生理特性在社会评价和自我意识的作用下对个体自信心、自尊心等性格特征形成的影响。比如性别、外貌、身高、体重等生理特征会影响一个人的职业性格。

家庭因素的影响是指家长的性格特点、知识水平、教育观念、教育方式等对家庭成员性格造成的影响。家长是孩子的第一任老师,家庭是制造性格的"工厂"。

社会因素的影响是指社会风尚、大众传媒对人的职业性格造成的影响。比如在市场经济时代,很多大学生就以成功企业家为榜样,他们渴望早日成为成功的商人。

三、MBTI 职业性格理论

MBTI 是一套性格类型的自我评估体系,这个自我评估体系的理论源于瑞典心理学家荣格有关知觉、判断和人格态度的观点,由布莱格斯和迈尔斯母女研究发展成为心理测评工具,用来测量正常人行为和他们的用脑偏好。

MBTI 是国际最为流行的职业人格评估工具之一。作为一种对个性进行判断和分析的理论模型,它从纷繁复杂的个性特征中,归纳提炼出四个关键要素——动力、信息收集、决策方式、生活方式,进行分析判断,从而把不同个性的人区别开来。这种理论可以帮助解释为什么不同的人对不同的事物感兴趣、擅长不同的工作、并且有时不能互相理解。这个工具应用广泛,老师、学生利用它提高授课、学习效率,求职者利用它选择职业,组织利用它改善人际关系、团队沟通、组织建设、组织诊断等。在世界五百强企业中,有 80% 的企业有 MBTI 的应用经验。

MBTI 通过了解人们在做事、获取信息、决策等方面的偏好,从四个角度对人进行分析。它衡量的是个人的类型偏好与倾向,这种偏好是天生的,是一种特定的行为和思考方式。当我们用自己偏好的方式行事或工作时,我们会处于最佳状态,会感到非常顺畅、自然,效率最高。这种偏好没有优劣之分,却形成了人与人之间的差异。

我们经常形容人性格的词语有:温柔、内向、直率、开朗、怪异、猜忌、冷淡、热情、凶残、无情、懦弱、老实、木讷、大方、随便、急躁、刻薄、忠诚等。但是 MBTI 描述人的性格与我们平时所使用的形容词不同,MBTI 把人类的性格分为四个维度:① 能量交换方式,外倾(E),内倾(I);② 接收信息方式,感觉(S),直觉(N);③ 决策判断方式,思维(T),情感(F);④ 采取行动方式,判断(J),知觉(P)。每个维度都有两极,在一个维度上到底选择哪种取向取决于个人的偏好。人的性格非常复杂,每个维度都会彼此影响,因此我们需要将四个维度结合起来理解一个人的性格,每个维度的两种偏好分别用一个字母表示,把这些字母组合起来,便代表 16 种不同的性格类型。

在 MBTI 测试结果中,每个维度上每个人只能是一种偏好,如果一个人是内倾的,就不可能是外倾的,是知觉型的就不会是判断型的,但这并不代表一个人是外倾的就丝毫没有内倾的特征。

我们学习 MBTI 的目的:一是帮助你了解自己的思考方式和行为倾向,发现自己与生俱来的优势;二是了解性格类型的差异,促进自己与他人更好的合作。每种性格本身没有优劣之分,在对应现实的过程中各有利弊。在实际学习生活中,性格与职业只有相对的适配性,没有绝对的适配性。不要以性格类型作为某事做成或做不成的借口,千万不要将性格类型与典型的职业对号入座。

 实践拓展

了解自己的性格

(一) 注意事项

(1) 请在心态平和及时间充足的情况下开始答题。

(2) 每道题目均有两个答案:请仔细阅读题目,按照与你性格相符的程度分别给两个字母赋予一个分数,并使一组中的两个分数之和为 5。最后,请在问卷后的答题纸上相应的方格内填上相应的分数。

(3) 请注意,题目的答案无对错之分,你不需要考虑哪个答案"应该"更好,也不要在一个问题上思考太久,而是应该凭你心里的第一反应作出选择。

(4) 如果你觉得在不同的情境里,两个答案或许都能反映你的倾向,请选择一个对于你的行为方式来说最自然、最顺畅和最从容的答案。

举例:"你参与社交聚会时"

A. 总是能认识新朋友。(4)

B. 只跟几个亲密挚友待在一起。(1)

很明显,你参与社交聚会时有时能认识新朋友,有时又会只跟几个亲密挚友待在一起,在以上的例子中,我们给总是能认识新朋友打了 4 分,而给只跟几个亲密挚友待在一起打了 1 分。当然,从你的角度出发,也可能是 3+2 或者 5+0,也可以是其他的组合。

（二）测试题目

1. 你倾向从何处得到力量：

(E) 别人。 　　　　　　　　　　　　　　　　　　　　　　　　（　　　）

(I) 自己的想法。 　　　　　　　　　　　　　　　　　　　　　（　　　）

2. 当你参加一个社交聚会时，你会：

(E) 在夜色很深时，一旦你开始投入，也许就是最晚离开的那一个。 （　　　）

(I) 在夜晚刚开始的时候，我就疲倦了并且想回家。 　　　　　　（　　　）

3. 下列哪一件事听起来更吸引你？

(E) 与朋友到有很多人且社交活动频繁的地方。 　　　　　　　（　　　）

(I) 待在家中与朋友做一些特别的事情，例如说观赏一部有趣的电影并享用你最喜欢的外卖食物。 　　　　　　　　　　　　　　　　　　　（　　　）

4. 在约会中（包括和朋友在一起时），你通常：

(E) 整体来说很健谈。 　　　　　　　　　　　　　　　　　　（　　　）

(I) 较安静并不怎么说话，直到你觉得舒服。 　　　　　　　　（　　　）

5. 你倾向拥有：

(E) 很多认识的人和很亲密的朋友。 　　　　　　　　　　　　（　　　）

(I) 一些很亲密的朋友和一些认识的人。 　　　　　　　　　　（　　　）

6. 你倾向通过以下哪种方式收集信息：

(N) 你对有可能发生之事的想象和期望。 　　　　　　　　　　（　　　）

(S) 你对目前状况的实际认知。 　　　　　　　　　　　　　　（　　　）

7. 你倾向相信：

(N) 你的直觉。 　　　　　　　　　　　　　　　　　　　　　（　　　）

(S) 你直接的观察和现成的经验。 　　　　　　　　　　　　　（　　　）

8. 当你置身于一段关系中时，你倾向相信：

(N) 永远有进步的空间。 　　　　　　　　　　　　　　　　　（　　　）

(S) 若它没有被破坏，不予修补。 　　　　　　　　　　　　　（　　　）

9. 当你和一个人聊天觉得放心时，你偏向谈论：

(N) 未来，关于改进或发明事物和生活的种种可能性。例如，你也许会谈论一个新的科学发明，或一个更好的方法来表达你的感受。 　　　　　　　（　　　）

(S) 实际的、具体的、关于"此时此地"的事物。例如，你也许会谈论品酒的好方法，或你即将要参加的新奇旅程。 　　　　　　　　　　　　　　　（　　　）

10. 你是这种人：

(N) 喜欢先纵观全局。 　　　　　　　　　　　　　　　　　　（　　　）

(S) 喜欢先掌握细节。 　　　　　　　　　　　　　　　　　　（　　　）

11. 你是这类型的人：

(N) 与其活在现实中，不如活在想象里。 　　　　　　　　　　（　　　）

(S) 与其活在想象里，不如活在现实中。 　　　　　　　　　　（　　　）

12. 你通常：

（N）偏向于去想象一大堆关于即将来临的约会的事情。 （　　）

（S）偏向于拘谨地想象即将来临的约会，只期待让它自然地发生。 （　　）

13. 你倾向如此做决定：

（F）首先依你的心意，然后依你的逻辑。 （　　）

（T）首先依你的逻辑，然后依你的心意。 （　　）

14. 你倾向比较能够察觉到：

（F）当人们需要情感上的支持时。 （　　）

（T）当人们不合逻辑时。 （　　）

15. 当和某人分手或者绝交时：

（F）你通常让自己的情绪深陷其中，很难抽身出来。 （　　）

（T）虽然你觉得受伤，但一旦下定决心，你会直截了当地将对方的影子甩开。（　　）

16. 当与一个人交往时，你倾向于看重：

（F）情感上的相容性：表达爱意和对另一半的需求很敏感。 （　　）

（T）智慧上的相容性：沟通重要的想法，客观地讨论和辩论事情。 （　　）

17. 认识你的人倾向形容你为：

（F）热情和敏感。 （　　）

（T）逻辑和明确。 （　　）

18. 你把大部分和别人的相遇视为：

（F）友善及重要的。 （　　）

（T）另有目的。 （　　）

19. 若你有时间和金钱，你的朋友邀请你到国外度假，并且在前一天才通知你，你会：

（J）必须先检查你的时间表。 （　　）

（P）立刻收拾行装。 （　　）

20. 在第一次约会中：

（J）若你所约的人来迟了你会很不高兴。 （　　）

（P）一点都不在乎，因为你自己常常迟到。 （　　）

21. 你偏好：

（J）事先知道约会的行程：要去哪里、有谁参加、你会在那里待多久、该如何打扮。（　　）

（P）让约会自然地发生，不做太多事先的计划。 （　　）

22. 你选择的生活充满着：

（J）日程表和组织。 （　　）

（P）自然发生和弹性。 （　　）

23. 哪一项较常见：

（J）你准时出席而其他人都迟到。 （　　）

（P）其他人都准时出席而你迟到。 （　　）

24. 你是这样的人：

（J）下定决心并且做出最后肯定的结论。 （　　）

（P）放宽你的选择面并且持续收集信息。　　　　　　　　　　　（　　）

25. 你是此类型的人：

（J）喜欢在一段时间里专心于一件事情直到完成。　　　　　　　（　　）

（P）享受同时进行好几件事情。　　　　　　　　　　　　　　　（　　）

测试得分记录表

总　得　分	总　得　分
E: _____	I: _____
S: _____	N: _____
T: _____	F: _____
J: _____	P: _____

以上八个偏好两两成对,也就是说,E 和 I、S 和 N、T 和 F、J 和 P 各自是一对组合。在每一对组合中,比较该组合中的偏好的得分孰高孰低,高的那个就是你的优势类型。如果同分的话,选择后面的那一组,即 I、N、F、P。在对四对组合都作比较后,你会得到一个由四个字母组成的优势类型,如 ENFP、ISTJ。

16 种性格类型表

（ISTJ） 内倾感觉思维判断	（ISFJ） 内倾感觉情感判断	（INFJ） 内倾直觉情感判断	（INTJ） 内倾直觉思维判断
（ISTP） 内倾感觉思维知觉	（ISFP） 内倾感觉情感知觉	（INFP） 内倾直觉情感知觉	（INTP） 内倾直觉思维知觉
（ESTP） 外倾感觉思维知觉	（ESFP） 外倾感觉情感知觉	（ENFP） 外倾直觉情感知觉	（ENTP） 外倾直觉思维知觉
（ESTJ） 外倾感觉思维判断	（ESFJ） 外倾感觉情感判断	（ENFJ） 外倾直觉情感判断	（ENTJ） 外倾直觉思维判断

（三）性格解析

1. ISTJ（检查员型）

安静、严肃,通过全面性和可靠性获得成功;实际,有责任感;决定有逻辑性,并一步步地朝着目标前进,不易分心;喜欢将工作、家庭和生活都安排得井井有条;重视传统和忠诚。

（1）特征：① 严肃、安静、能凭借集中心志与全力投入,以及可被信赖获得成功。② 做事务实、有序、实际、逻辑、真实及可信赖。③ 十分留意且乐于做任何事(工作、生活均有良好组织)。④ 负责任。⑤ 照设定成效来作出决策且不畏阻挠与闲言会坚定为之。⑥ 重视传统与忠诚。⑦ 传统性的思考者或经理。

（2）适合领域：工商业领域、政府机构、金融银行业、政府机构、技术领域、医务领域。

（3）适合职业：审计师、会计、财务经理、办公室行政管理、后勤和供应管理、中层经理、公务(法律、税务)执行人员等银行信贷员、成本估价师、保险精算师、税务经纪人、税务检查员等机械、电气工程师、计算机程序员、数据库管理员、地质、气象学家、法律研究者、律师等外科医生、药剂师、实验室技术人员、牙科医生、医学研究员等。

2. ISFJ(照顾者型)

安静、友好、有责任感和良知;坚定地致力于完成他们的义务;全面、勤勉、精确,忠诚、体贴,留心和记得他们重视的人的小细节,关心他们的感受;努力把工作和家庭环境营造得有序而温馨。

(1)特征:① 安静、和善、负责任且有良心。② 做事尽责投入。③ 安定性高,常安于项目工作,重视团体之安定力量。④ 愿投入、吃苦及力求精确。⑤ 兴趣通常不在于科技方面,对细节事务有耐心。⑥ 忠诚、考虑周到、知性且会关切他人感受。⑦ 致力于创构有序及和谐的工作与家庭环境。

(2)适合领域:无明显领域特征,医护领域、消费类商业、服务业领域。

(3)适合职业:行政管理人员、总经理助理、秘书、人事管理者、项目经理、物流经理、律师助手、外科医生及其他各类医生、护士、药剂师、医学专家、营养学专家、顾问等零售店、精品店业主、大型商场、酒店管理人员、室内设计师等。

3. INFJ(博爱型)

寻求思想、关系、物质等之间的意义和联系;希望了解什么能够激励人,对人有很强的洞察力;有责任心,坚持自己的价值观;对于怎样更好地服务大众有清晰的远景,对于目标的实现有计划而且果断坚定。

(1)特征:① 因为坚韧、创意及必须达成的意图而能成功。② 会在工作中投注最大的努力。③ 默默强力地、诚挚地及用心地关切他人。④ 因坚守原则而受敬重。⑤ 提出造福大众利益的明确远景而为人所尊敬与追随。⑥ 追求创见、物质财物的意义及关联。⑦ 想了解什么能激励别人,对他人具洞察力。⑧ 光明正大且坚信其价值观。⑨ 有组织性且果断地履行其愿景。

(2)适合领域:咨询、教育、科研、文化、艺术、设计等领域。

(3)适合职业:心理咨询工作者、心理诊疗师、职业指导顾问、大学教师(人文学科、艺术类)、心理学、教育学、社会学、哲学及其他领域的研究人员等,作家、诗人、剧作家、电影编剧、电影导演、画家、雕塑家、音乐家、艺术顾问、建筑师、设计师等。

4. INTJ(专家型)

在实现自己的想法和达成自己的目标时有创新的想法和非凡的动力;能很快洞察到外界事物间的规律并形成长期的远景计划;一旦决定做一件事就会开始规划并直到完成为止;多疑、独立,对于自己和他人的能力及表现的要求都非常高。

(1)特征:① 具强大动力与意志来达成目的与创意——固执顽固者。② 有宏大的愿景且能快速在众多外界事件中找出有意义的代表性事物。③ 对所承担的职务,具有良好的任职能力。④ 具怀疑心、挑剔性、独立性、果决,对专业水准及绩效要求较高。

(2)适合领域:科研、科技应用、技术咨询、管理咨询、金融、投资领域、创造性行业。

(3)适合职业:各类科学家、研究所研究人员、设计工程师、系统分析员、计算机程序师、研究开发部经理等各类技术顾问、技术专家、企业管理顾问、投资专家、法律顾问、医学专家、精神分析学家等经济学家、投资银行研究员、证券投资和金融分析员、投资银行家、财务计划人、企业并购专家等各类发明家、建筑师、社论作家、设计师、艺术家等。

5. ISTP（冒险家型）

灵活、忍耐力强，是个安静的观察者。但一有问题发生，就会马上行动，找到有效的解决方法；分析事物运作的原理，能从大量的信息中很快地找到关键的症结所在；对于原因和结果感兴趣，用逻辑的方式处理问题，重视效率。

（1）特征：① 安静、预留余地、弹性，会以无偏见的好奇心对事物进行观察与分析。② 有兴趣探索原因及效果，对技术原理和运作方式很重视。③ 擅长掌握问题核心并找出解决方案。④ 分析事情的缘由且能从大量资料中找出问题的实际核心。

（2）适合领域：技术领域、证券、金融业贸易、商业领域、户外、运动、艺术等领域。

（3）适合职业：机械、电气、电子工程师、各类技术专家和技师、计算机硬件、系统集成专业人员等；证券分析师、金融、财务顾问、经济学研究者等；贸易商、商品经销商、产品代理商（有形产品为主）等；警察、侦探、体育工作者、赛车手、飞行员、雕塑家、手工制作、画家等。

6. ISFP（艺术家型）

安静、友好、敏感、和善；享受当前；喜欢有自己的空间，喜欢按照自己的时间表工作；对于自己的价值观和自己觉得重要的人非常忠诚，有责任心；不喜欢争论和冲突；不会将自己的观念和价值观强加到别人身上。

（1）特征：① 羞怯的、安静和善的、敏感的、亲切的、行事谦虚。② 喜于避开争论，不对他人强加己见或价值观。③ 无意于领导却常是忠诚的追随者。④ 办事不急躁，安于现状，无意以过度的努力破坏现况，非成果导向型。⑤ 喜欢有自己的空间及按照自订的时程办事。

（2）适合领域：手工艺、艺术领域、医护领域、商业、服务业领域。

（3）适合职业：时装、首饰设计师、装潢、园艺设计师、陶器、乐器、卡通、漫画制作者、素描画家、舞蹈演员、画家等；出诊医生、出诊护士、理疗师、牙科医生、个人健康和运动教练等；餐饮业、娱乐业业主、旅行社销售人员、体育用品、个人理疗用品销售人员等。

7. INFP（哲学家型）

理想主义，对于自己的价值观和自己觉得重要的人非常忠诚；希望外部的生活和自己内心的价值观是统一的；好奇心重，很快能看到事情的可能性，能成为实现想法的催化剂；愿意理解别人和帮助他们实现潜能；适应力强，灵活，善于接受，除非是有悖于自己的价值观的。

（1）特征：① 安静观察者，理想主义，与对其价值观及重要之人十分忠诚。② 外在生活形态与内在价值观相吻合。③ 具有好奇心且很快能看出机会所在，常担负开发创意的触媒者。④ 除非价值观受侵犯，行事会具弹性、适应力和承受力强。

（2）适合领域：创作类、艺术类、教育、研究、咨询类。

（3）适合职业：各类艺术家、插图画家、诗人、小说家、建筑师、设计师、文学编辑、艺术指导、记者等大学老师（人文类）、心理学工作者、心理辅导和咨询人员、社科类研究人员、社会工作者、教育顾问、图书管理者、翻译家等。

8. INTP（学者型）

对于自己感兴趣的任何事物都寻求找到合理的解释；喜欢理论性的和抽象的事物，热衷于思考而非社交活动;安静、内向、灵活、适应力强;对于自己感兴趣的领域有超高的专注度,有深度解决问题的能力;多疑,有时会有点挑剔,喜欢分析。

(1)特征:① 安静、自持、弹性及具适应力。② 特别喜爱追求理论与科学事理。③ 常以逻辑及分析来解决问题——问题解决者。④ 对创意事务及特定工作十分感兴趣,对聚会与闲聊无大兴趣。⑤ 追求可发挥个人兴趣的生涯。

(2)适合领域:计算机技术、理论研究、学术领域、专业领域、创造性领域。

(3)适合职业:软件设计员、系统分析师、计算机程序员、数据库管理、故障排除专家等;大学教授、科研机构研究人员、数学家、物理学家、经济学家、考古学家、历史学家等;证券分析师、金融投资顾问、律师、法律顾问、财务专家、侦探等;各类发明家、作家、设计师、音乐家、艺术家、艺术鉴赏家等。

9. ESTP(挑战者型)

灵活,忍耐力强,实际,注重结果;觉得理论和抽象的解释非常无趣;喜欢积极地采取行动解决问题;注重当前,自然而不做作,享受和他人在一起的时刻;喜欢物质享受和时尚;学习新事物最有效的方式是通过亲身感受和练习。

(1)特征:① 擅长现场实时解决问题——解决问题者。② 喜欢办事并乐在其中。③ 喜好技术事务及运动。④ 具适应性、容忍度、务实性。⑤ 不喜欢冗长概念的解释及理论。⑥ 最专精于可操作、处理、分解或组合的真实事务。

(2)适合领域:贸易、商业、某些特殊领域、服务业、金融证券业、娱乐、体育、艺术领域。

(3)适合职业:各类贸易商、批发商、中间商、零售商、房地产经纪人、保险经济人、汽车销售人员、私家侦探、警察等;餐饮、娱乐及其他各类服务业的业主、主管、特许经营者、自由职业者等;股票经纪人、证券分析师、理财顾问、个人投资者等;娱乐节目主持人、体育节目评论、脱口秀、音乐、舞蹈表演者、健身教练、体育工作者等。

10. ESFP(表演者型)

外向、友好、接受力强;热爱生活、人类,注重物质上的享受;喜欢和别人一起将事情做成功;在工作中讲究常识和实用性,并使工作显得有趣;灵活、自然而不做作,对于新的任何事物都能很快地适应;学习新事物最有效的方式是和他人一起尝试。

(1)特征:① 外向、和善,易于接受他人,乐于和他人分享。② 喜欢与他人一起行动且促成事件发生,在学习时亦然。③ 知晓事件未来的发展并会积极参与。④ 擅长与人相处,很有弹性,能很快适应他人与环境。⑤ 对生命、人、物质享受的热爱者。

(2)适合领域:消费类商业、服务业领域、广告业、娱乐业领域、旅游业、社区服务等其他领域。

(3)适合职业:精品店、商场销售人员、娱乐、餐饮业客户经理、房地产销售人员、汽车销售人员、市场营销人员(消费类产品)等;广告企业中的设计师、创意人员、客户经理、时装设计和表演人员、摄影师、节目主持人、脱口秀演员等;旅游企业中的销售、服务人员、导游、社区工作人员、自愿工作者、公共关系专家、健身和运动教练、医护人员等。

11. ENFP(公关型)

热情洋溢、富有想象力;认为人生有很多的可能性;能很快地将事情和信息联系起来,然后很自信地根据自己的判断解决问题;总是需要得到别人的认可,也总是准备着给予他人赏识和帮助；灵活、自然不做作，有很强的即兴发挥的能力，言语流畅。

（1）特征：① 充满热忱、精力充沛、聪明的、富有想象力的，觉得生命充满机会但期望能得到来自他人的肯定与支持。② 几乎能达成所有有兴趣的事。③ 对难题很快就有对策并能对有困难的人施予援手。④ 依赖能改善的能力而无须提前准备。⑤ 为达目的常能找出强制自己为之的理由。⑥ 即兴执行者。

（2）适合领域：广告创意、广告撰稿人，市场营销和宣传策划，市场调研人员、艺术指导、公关专家、公司对外发言人等。

（3）适合职业：儿童教育老师、大学老师（人文类）、心理学工作者、心理辅导和咨询人员、职业规划顾问、社会工作者、人力资源专家、培训师、演讲家等；记者（访谈类）、节目策划和主持人、专栏作家、剧作家、艺术指导、设计师、卡通制作者、电影、电视制片人等。

12. ENTP（智多星型）

反应快、睿智，有激励别人的能力，警觉性强、直言不讳；在解决新的、具有挑战性的问题时机智而有策略；善于找出理论上的可能性，然后再用战略的眼光分析；善于理解别人；不喜欢例行公事，很少会用相同的方法做相同的事情，倾向于一个接一个的发展新的爱好。

（1）特征：① 反应快、聪明、善于多种事务。② 能激励伙伴、敏捷及直言不讳。③ 会为了有趣对问题的两面加予争辩。④ 对解决新问题及挑战性的问题富有策略，但会轻忽或厌烦常规的任务与细节。⑤ 兴趣多元，易倾向于转移至新生的兴趣。⑥ 对想要的会有技巧地找出逻辑理由。

（2）适合领域：投资顾问、项目策划、投资银行、自我创业、市场营销、创造性领域、公共关系、政治。

（3）适合职业：投资顾问（房地产、金融、贸易、商业等）、各类项目的策划人和发起者、投资银行家、风险投资人、企业业主（新兴产业）等；市场营销人员、各类产品销售经理、广告创意、艺术总监、访谈类节目主持人、制片人等；公共关系专家、公司对外发言人、社团负责人、政治家等。

13. ESTJ（管家型）

实际、现实主义；果断，一旦下决心就会马上行动；善于将项目和人组织起来将事情完成，并尽可能用最有效率的方法得到结果；注重日常的细节；有一套非常清晰的逻辑标准，有系统地遵循，并希望他人也同样遵循；在实施计划时强而有力。

（1）特征：① 务实、真实、事实倾向，具有管理企业或技术的天分。② 不喜欢抽象理论；最喜欢学习可立即运用的事理。③ 喜好组织与管理活动且专注以最有效率的行事方式而取得成效。④ 具决断力、关注细节且很快作出决策——优秀行政者。⑤ 会忽略他人感受。⑥ 喜欢做领导者或企业主管。

（2）适合领域：无明显领域特征。

（3）适合职业：大、中型外资企业员工、业务经理、中层经理（多分布在财务、营运、物流采购、销售管理、项目管理、工厂管理、人事行政部门）、职业经理人、各类中小型企业主管。

14. ESFJ（主人型）

热心肠、有责任心和合作意识；希望周边的环境温馨而和谐，并为此果断地执行；喜欢和他人一起精确并及时地完成任务;事无巨细都会保持忠诚;能体察到他人在日常生活中的所需并竭尽全力帮助他人;希望自己和自己的所为能受到他人的认可和赏识。

(1) 特征:① 诚挚、爱说话、合作性高、受欢迎、光明正大的——天生的合作者及活跃的组织成员。② 重和谐且长于创造和谐。③ 常做对他人有益的事务。④ 给予鼓励会有更佳工作成效。⑤ 对会直接影响人们生活的事务最感兴趣。⑥ 喜欢与他人共事且能精确准时地完成工作。

(2) 适合领域:无明显领域特征。

(3) 适合职业:办公室行政或管理人员、秘书、总经理助理、项目经理、客户服务部人员、采购和物流管理人员等;内科医生及其他各类医生、护士、健康护理指导师、饮食学、营养学专家、小学教师(班主任)、学校管理者等;银行、酒店、大型企业客户服务代表、客户经理、公共关系部主任、商场经理、餐饮业业主和管理人员等。

15. ENFJ(教导型)

热情、为他人着想、有责任心;非常注重他人的感情、需求和动机;善于发现他人的潜能,并希望能帮助他们实现;能成为个人或群体成长和进步的催化剂;忠诚,对于赞扬和批评都会积极地回应;友善、好社交;在团体中能很好地帮助他人,并有鼓舞他人的领导能力。

(1) 特征:① 热忱、负责任的——具有能鼓励他人的领导风格。② 对别人所想或诉求会表达真正关切且切实用心地去处理。③ 能怡然且技巧性地带领团体讨论或演示文稿提案。④ 爱交际、受欢迎及富同情心。⑤ 对称赞及批评很在意。⑥ 喜欢带领别人且能使别人或团体发挥潜能。

(2) 适合领域:培训、咨询、教育、新闻传播、公共关系、文化艺术。

(3) 适合职业:人力资源培训主任、销售、沟通、团队培训员、职业指导顾问、心理咨询工作者、大学教师(人文学科类)、教育学、心理学研究人员等;记者、撰稿人、节目主持人(新闻、采访类)、公共关系专家、社会活动家、文艺工作者、平面设计师、画家、音乐家等。

16. ENTJ(统帅型)

坦诚、果断,有天生的领导能力;能很快看到公司(或组织)程序和政策中的不合理性和低效能性,发展并实施有效和全面的系统来解决问题;善于做长期的计划和目标的设定;通常见多识广、博览群书,喜欢拓宽自己的知识面并将此分享给他人;在陈述自己的想法时非常强而有力。

(1) 特征:① 坦诚、具决策力的活动领导者。② 长于发展与实施广泛的系统以解决组织的问题。③ 专精于具内涵的谈话,如对公众演讲。④ 乐于经常吸收新知且能广开信息渠道。⑤ 易过度自信,会乐于表达自己。⑥ 擅于策划及目标设定。

(2) 适合领域:工商业、政界、金融和投资领域、管理咨询、培训专业性领域。

(3) 适合职业:各类企业的高级主管、总经理、企业主、社会团体负责人、政治家等;投资银行家、风险投资家、股票经纪人、公司财务经理、财务顾问、经济学家、企业管理顾问、企业战略顾问、项目顾问、专项培训师等;律师、法官、知识产权专家、大学教师、科技专家等。

第三节 能力：我能够做什么

擅长跳远的小张出局了

小张读大学二年级，身材修长，天生爱动，体育成绩一向不错，有着"跳远王子"的美誉。为此，他感到无比的自豪。在学校举办的校级运动会上，小张报名了跳远项目，他击败了全校众多选手，获得了冠军奖牌。后来有一位学长小王告诉小张："小张啊，其实你天分资质很好，体力也不错，你只得一项跳远金牌实在可惜，只要你好好努力，一定可以在省赛中获得更多金牌。"小张听了受宠若惊，于是在小王的怂恿下和小王一起练习各种运动项目。小张每天练习百米跑，跑完百米，马上又练跳高，接着又推铅球又练马拉松……省大运会选拔赛很快开始了，小张报了很多项目：游泳、跳高、跳远、举重、推铅球……可是没有一项入围，连以前拿手的跳远成绩也不理想，在初赛时就被淘汰了。

点评：小张的长项是跳远，而他却在别人的怂恿下贪多求全，选择了自己根本不擅长的其他项目，这完全超出了他的能力范围，他最终因精力分散、能力有限被淘汰出局。能力是一个人完成任务的前提条件，是决定工作效果的基本因素。人一生中要从事各种各样的社会生活和生产活动，必须具备多种能力与之相适应。大学生在开启自己的职业大门时，要对自己的能力有一个清楚的认识，要根据自己的能力选择相应的职业。

一、能力与职业技能

能力是指能顺利完成某一活动所必须具备的心理和生理条件，是直接影响活动效率并使活动顺利完成的基础条件。能力包括先天和后天两个方面，即天赋和技能。天赋是指每个人与生俱来的特殊才能，如音乐、舞蹈、绘画等能力。天赋是一种潜能，是先天的，每个人的潜能是无限的，只是没有被开发。技能则是人们通过后天学习和练习而培养形成的能力。技能是后天习得的，在人的一生中会习得很多技能，比如驾驶技能、计算机使用技能。能力是动态的、发展的、可操作的。能力表现在具体从事的活动中，并在活动中得到发展。当一个人的能力与工作要求相匹配时，最能发挥自己的工作潜能，并能在工作中获得满足感。相反，当一个人去做自己不能胜任的工作时，就会产生焦虑，严重者还会有强烈的挫败感。而当一个人的能力超出工作要求很多时，会使人感觉到工作缺乏挑战、比较机械枯燥。因此，在选择职业时，我们要寻找与个人能力和职业技能相匹配的工作。

一个人的能力大小，往往是通过其技能表现出来的。拥有技能的多少、技能水平的高低,是评价一个人能力大小的依据。也就是说能力的形成和发展依赖于技能的获得,能力的高低又会影响技能的掌握水平。能力是掌握技能的前提,技能水平的高低是能力高低的体现。职业能力则是人们在职业活动中顺利完成工作所需要的能力。人的职业能力分为三个层次,即职业特定能力、行业通用能力、职业核心能力。具体来讲,职业特定能力是每一种职业自身所特有的能力,它只适用于这个职业的工作岗位。行业通用能力是以社会各大行业为基础,从一般职业活动中抽象出来可通用的基本能力,它的适用面比较宽,可适用于这个行业内的各个职业和工种。职业核心能力是从所有的职业活动中抽象出来的一种最基本的能力,具有普适性的特点,可适用于所有的职业,是人们从事任何职业都需要的基本工作能力。

能力与职业的关系非常密切,是职业选择的重要依据,是大学生开启职业大门的钥匙,因此我们对于自己的能力要有一个清楚的认识,根据自己的能力选择相应的职业,选准与自己职业能力倾向一致的职业。只有这样才能在社会的竞争中立于不败之地。每个人具备的能力不同,选择的职业就会有差异,从能力个性差异的角度来看,在选择职业时应遵循以下原则。第一,能力类型要与职业相吻合。人的能力发展方向存在着差异,职业根据工作的性质、内容和环境也可划分为不同的类型,不同类型的职业对人的能力也有不同的要求。因此,我们在进行职业选择时,首先要注意能力水平与职业类型保持一致。不同职业层次对人的能力也有不同的要求。在根据能力类型确定了职业类型后,还应根据自己所能达到或可能达到的能力水平确定相吻合的职业层次。其次要充分发挥优势能力的作用。每个人都具有不同的能力系统,在这个系统中,每个人各方面能力发展是不平衡的,常常是某方面的能力占优势,而另一方面的能力则不太突出,选择职业时应选择最能运用优势的职业。第二,智力能力要与职业相吻合。智力能力包括注意力、观察力、记忆力、思维能力和想象力等。不同的职业对人的智力能力要求是不同的。第三,专业能力要与职业相吻合。专业能力,也称为特长,是指从事某项专业活动的能力。要顺利完成某项工作,除了要具备一定的智力能力,还需要具备该项工作所要求的专业能力。例如,数学家需要具备计算能力、逻辑思维能力和空间想象能力,画家需要具备较强的颜色识别能力。一般认为,计算能力、音乐能力、绘画能力、写作能力、动作协调能力、空间想象能力等都属于特长能力。

二、技能的探索和培养

技能是一个人经过后天学习获得的,分为专业知识技能、自我管理技能、可迁移技能。专业知识技能是我们学习的内容,是具体的、专业的、针对某种工作的基本技能,比如外语等。专业知识技能是不能够迁移的,它需要经过有意识的专门的学习获得,它常常与我们的专业学习或工作内容直接相关。自我管理技能是指个人是否具备适应周围环境而进行自我调节的能力,这种技能通常被看作人格特质,就是一个人所具有的特征和品质,如认真、踏实、谦虚、诚实。它可以从非工作领域转换到工作领域,是影响职业生涯成功与否的关键。一个有良好自我管理技能的人能够很好地适应周围的环境,应对工作中出现的问题,它也被称为“适应性技能”。因此,有人把自我管理技能称为“成功所需要的品质、个人最有价值的资产”。可迁移技能是一个人所能做的事,比如教学、设计、决策,是在任何工作中都可以用到的技能，所以也被称为"通用技能"。它常常是一个人能够持续运用和能够依靠的技能，无论你的需求和工作环境如何发生变化，它们都可以得到运用。

技能是每个人的立身之本，因为任何一种职业都要求从业者具备相应的技能。技能与职业的匹配不仅能增加工作效率，更能增加人生的幸福感。那么，我们通过什么样的途径可以了解我们所拥有的技能呢？第一，个人可量化的业绩。回顾一下自己的成长历史，你有什么样的业绩可以量化呢？比如你作为学生干部组织活动的情况，组织活动的场次和规模等，以此可以体现学生干部的组织能力、领导能力、策划能力、沟通能力等诸多技能优势。第二，他人的认可。"当局者迷，旁观者清"，有时我们对自己有哪些技能优势不太清楚，可以通过他人的评价来确定自己拥有的技能优势。当别人说"你做这个最在行""这件事找你办最合适"时，请将这些话语记录下来，然后详加分析，你会发觉自己的行为有一定的模式，原来你一直在人前显示自己某方面的能力，这些能力可能是你以前从未意识到的，它们会引导你发现自己的潜能所在。第三，回顾成就故事。闲暇生活中有没有有成就感的事情，然后对此进行分析，看看你在其中使用了哪些技能，尤其是可迁移技能、自我管理技能，这些成就故事可以是工作或学习成绩，也可以是户外活动或家庭生活中所发生的，比如同学聚会、一次美好的难忘的旅游，不必是惊天动地的大事，只要你喜欢做这件事时所体验到的感受，或者你为完成某件事感到自豪就可以。第四，阅读技能词汇表。专业知识技能不仅仅指大学所学的专业知识，只要是你掌握的和职业有关的专业知识都包括在内。第五，职业测评。通过职业测评软件评估我们的技能优势及适配职业是一种比较正式且有效的办法。职业测评能帮助我们准确地分析自身的能力、兴趣、性格等特征，发现自身潜在的技能优势，找到能充分发挥优势的职业。

 实践拓展

主题：发现自己的能力。

步骤：

1. 写下自己的成就故事。请回忆自己过去曾取得的成就，或者是曾做过自认为比较成功的事情，可以是学习、兼职、课外活动、社会活动、班级管理、艺术、体育、社团、家庭、旅游、爱好等。请写出这些成功的经历，越详细越好。

2. 分析成就故事中体现出的能力，并详细罗列出来。

3. 请将以上成就故事中体现出来的能力依次进行分类，填到下面相应的空格内。

我能做得很好	只要努力 我可以做得很好	我可以做 但不会做得很好	我做不好

第四节　价值观：我希望做什么

职场妈妈重返职场的抉择

有位职场妈妈准备重返职场，眼下她面临两个选择。一个是做老本行：工程资料员。以前的老东家联系过她，想让她去工作。但这个工作需要时常去工地，有时还需要住工地。这样一来她就照顾不了家庭。另一个选择是转行做行政，行政工作相对轻闲，能准时上下班，能兼顾家庭，不过这份工作的工资只有前一份工作的三分之一，而且自己也没有相关的工作经验。想来想去，她无法决定。后来在职业规划师的帮助下，这位职场妈妈列出自己期待的工作条件：① 期望工作能充分发挥自己的优势和特长；② 希望做一些自己喜欢并擅长的事情，能获得不错的报酬；③ 还希望有良好的人际关系；④ 工作不紧张，能照顾到家庭。通过列举的工作期待，这位职场妈妈最后还是做了老本行，找了一份不用驻场的工程资料员的工作，只不过薪水降了一些，但能照顾到家庭。

点评： 这位职场妈妈在重返职场时面临两难抉择，迟迟做不了决定，就是因为她不清楚什么是最重要的价值。后来在职业规划师的指导下，通过分析自己最期待的工作条件，她选出了心仪的工作。当你知道了自己最重要的人生价值所在时，那么怎么决定就易如反掌了。价值观决定了什么对你最重要，什么对你不重要，什么是有意义、有价值的，什么是无聊的、乏味的。在我们为自己做职业规划前，一定要清楚、明确自己的价值观。

一、职业价值观

职业价值观指个人追求的与工作有关的目标，是你最看重的与工作密切相关的东西，是人生目标和人生态度在职业选择方面的具体表现。理想、信念、世界观对于职业的影响，集中体现在职业价值观上。俗话说："人各有志。"其中，"志"表现在职业选择上就是职业价值观，它是一种具有明确目的性、自觉性和坚定性的职业选择的态度和行为，对一个人职业目标和择业动机起着决定性的作用。

二、职业价值观类型与职业选择

（一）职业价值观类型

从社会学的角度来看，职业价值观可以分为六大类型。① 理论型。理论型的人注重运用批判和理性的方法来寻求真理，不满足自己的现状，不断追求新知识，适合技术类和事务性的工作，如科学研究者、会计出纳。② 实用型。实用型的人注重效率和实用价值，重结果轻过程,适合做销售、市场推广、经商类的工作。③ 审美型。审美型的人具有创新意识,工作中总能表现出新意,喜欢艺术鉴赏,适合做设计、文学艺术等创新性工作。④ 社会型。社会型的人富于同情心、同理心,不爱哗众取宠,喜欢帮助他人,助人为乐,适合做社会工作者、客服人员、护士、导游等。⑤ 政治型。政治型的人有权力欲望,喜欢支配他人,尤其注重权力和社会影响力,适合做管理性的工作,如政治家、经理、督导。⑥ 信仰型。信仰型的人特别关心对宇宙的理解,追求精神上的满足,将理想信念作为自己的精神支柱,适合做艺术性和宗教类的工作。其实,每种价值类型在每个人身上都有所体现,只是程度有差异,不存在优劣之分。

(二) 职业价值观与职业选择

职业价值观对于职业的选择和发展有着重要的作用。人生充满了选择,而职业选择是人生中最重要的选择之一。这不仅因为职业生活是个人生存和维持家庭的保障,而且因为在职业岗位上所取得的成就是人生价值的主要体现。从这种意义上来说,选择职业就等于选择了自己的未来。职业价值观推动着职业的发展,志存高远,有崇高的追求,就有着巨大的精神动力,价值观能让我们面临困境时仍保持着斗志。当工作与个人价值观相一致的时候,即使其他条件并不如意,往往我们也能够乐在其中。一个人清楚自己在工作中真正想要什么,能够将自己最强烈的需求与不同性质的工作联系在一起,就能够做出明智的选择,最终找到适合自己的职业。

三、职业价值观探索

职业价值观是价值观在职业选择或发展问题上的具体体现。职业价值观对个人的职业选择和发展有非常重要的影响,它是职业生涯发展道路上的指南针,掌握着人生前进的方向。职业价值观没有绝对的正确和错误之分,也没有绝对的科学和非科学之分。职业价值观的探索方法包括价值观测评法和价值观澄清练习法。

(一) 价值观测评法

目前,国内外应用比较广泛的价值观测评量表为"工作价值观问卷"(WVI)。该问卷是由美国心理学家舒伯在 1970 年开发的。该量表将职业价值分为三个维度:一是内在价值观,即与职业本身性质有关的因素;二是外在价值观,即与职业性质有关的外部因素;三是外在报酬。量表共计 13 个因素,包括利他主义、美感、智力刺激、成就感等。该量表用于评估个人以下 15 项工作价值观:① 利他主义。工作的目的与价值在于提供机会让个人为社会大众的福利尽心力,为大众谋福利。② 美的追求。工作的目的和价值在于能不断追求美的东西,得到美的享受。③ 创造发明。工作的目的与价值在于能让个人发明新事物,设计新产品,或发展新理念。④ 智力刺激。工作的目的和价值在于不断进行智力开发、动脑思考、学习和探索新事物,解决新问题。⑤ 独立自主。工作的目的和价值在于能充分发挥自己的独立性和主动性,按自己的方式、步调或想法去做,不受他人的干扰。⑥ 成就感。工作的目的和价值在于能看到自己努力工作的具体成果,并因此获得精神上的满足。⑦ 声望地位。工作的目的和价值在于所从事的工作在人们的心中有较高的社会地位,从而使自己得到他人的重视与尊敬。⑧ 管理权力。工作的目的和价值在于获得对他人或某事的管理权,能指挥和调遣一定范围内的人或事物。⑨ 经济报酬。工作的目的和价值在于获得优厚的报酬,使自己有足够的财力去获得自己想要的东西,使生活过得较为富足。⑩ 安全稳定。工作的目的和价值在于提供安定的生活保障,不会因为奖金、加工资、工作调动或领导训斥等而经常提心吊胆。⑪ 工作环境。工作的目的和价值在于能在不冷、不热、不吵、不脏的良好环境下进行。⑫ 上司关系。工作的目的和价值在于能与上司平等且融洽相处,获得上司赏识。⑬ 同事关系。工作的目的和价值在于能与志同道合的伙伴一起愉快地工作。⑭ 多样性。工作的目的和价值在于工作内容能够经常变换,使工作和生活显得丰富多彩,不单调枯燥。⑮ 生活方式。工作的目的和价值在于能选择自己的生活方式,并且实现自己的理想。

（二）价值观澄清练习法

价值观澄清练习法是一种比较简便易行的价值观澄清练习游戏,游戏的步骤如下。① 在白纸上端中间郑重地写下自己的名字,比如"奋进者小张"。名字一定要写,因为这个名字代表的不是别人,而是你自己。② 参照舒伯的职业价值观分类,写下你生命中最重要的五样东西。写好后认真地审视一下这五样东西是否是你工作中最重要的五样东西,是否是你工作的目的与意义所在。③ 一份职业不可能同时满足你所有的价值观,因此请你拿起笔,划掉五样中的一个。在你决定要划掉某个之前,一定要思考清楚舍弃它将意味着什么。比如,如果你涂去的是金钱回报,那么从今以后,你将一贫如洗、艰难度日。好了,经历了失去的痛楚,你现在只剩下四样最重要的东西。④ 命运是残酷的,现在你又要作出抉择了,你必须在剩下四样中再划掉一个。用笔把它涂掉,因为你已经不能再拥有它。⑤ 继续重复前面的步骤,逐次划掉你所拥有的东西直到剩下最后一个。到此,游戏结束。你的纸上最后剩下的那样东西,便是你在工作中最为看重的。你涂掉的四样东西同样是你看重的,被涂掉的顺序就是你心目中价值观的主次顺序。

（三）进一步明确自己的价值观

指导语:

请仔细阅读下面 52 道题目,每个题目都有 5 个备选答案,根据自己的实际情况和想法进行作答,在每一题上不要考虑太长时间,作答时不得漏题。

注意:选项中的"重要"有时候是指"喜欢"或"希望"。

测试题目:

（1）你的工作必须经常解决新的问题。

　　　　A. 非常重要　　　B. 比较重要　　　C. 一般　　　D. 较不重要　　　E. 很不重要

（2）你的工作能为社会福利带来看得见的效果。

　　　　A. 非常重要　　　B. 比较重要　　　C. 一般　　　D. 较不重要　　　E. 很不重要

（3）你的工作奖金很高。

　　　　A. 非常重要　　　B. 比较重要　　　C. 一般　　　D. 较不重要　　　E. 很不重要

（4）你的工作内容经常变换。

　　　　A. 非常重要　　　B. 比较重要　　　C. 一般　　　D. 较不重要　　　E. 很不重要

（5）你能在你的工作范围内自由发挥。

　　　　A. 非常重要　　　B. 比较重要　　　C. 一般　　　D. 较不重要　　　E. 很不重要

（6）你的工作能使你的朋友非常羡慕你。

　　　　A. 非常重要　　　B. 比较重要　　　C. 一般　　　D. 较不重要　　　E. 很不重要

（7）你的工作带有艺术性。

　　　　A. 非常重要　　　B. 比较重要　　　C. 一般　　　D. 较不重要　　　E. 很不重要

（8）你的工作能使人感觉到你是团体中的一分子。

　　　　A. 非常重要　　　B. 比较重要　　　C. 一般　　　D. 较不重要　　　E. 很不重要

（9）不论你怎么干，你总能和大多数人一样晋级和加工资。

　　　　A. 非常重要　　　B. 比较重要　　　C. 一般　　　D. 较不重要　　　E. 很不重要

（10）你的工作使你有可能经常变换工作地点、工作场所或工作方式。

　　　　A. 非常重要　　　B. 比较重要　　　C. 一般　　　D. 较不重要　　　E. 很不重要

（11）在工作中你能接触到各种不同的人。

　　　　A. 非常重要　　　B. 比较重要　　　C. 一般　　　D. 较不重要　　　E. 很不重要

（12）你的工作上下班时间比较随便、自由。

　　　　A. 非常重要　　　B. 比较重要　　　C. 一般　　　D. 较不重要　　　E. 很不重要

（13）你的工作使你不断获得成功的感觉。

　　　　A. 非常重要　　　B. 比较重要　　　C. 一般　　　D. 较不重要　　　E. 很不重要

（14）你的工作赋予你高于别人的权力。

　　　　A. 非常重要　　　B. 比较重要　　　C. 一般　　　D. 较不重要　　　E. 很不重要

（15）在工作中，你能试行一些你的新想法。

　　　　A. 非常重要　　　B. 比较重要　　　C. 一般　　　D. 较不重要　　　E. 很不重要

（16）在工作中你不会因为身体或能力等因素，被人瞧不起。

　　　　A. 非常重要　　　B. 比较重要　　　C. 一般　　　D. 较不重要　　　E. 很不重要

（17）你能从工作的成果中，知道自己做得不错。

　　　　A. 非常重要　　　B. 比较重要　　　C. 一般　　　D. 较不重要　　　E. 很不重要

（18）你的工作经常要外出、参加各种集会和活动。

　　　　A. 非常重要　　　B. 比较重要　　　C. 一般　　　D. 较不重要　　　E. 很不重要

（19）只要你干上这份工作，就不会被调到其他意想不到的单位和岗位上去。

　　　　A. 非常重要　　　B. 比较重要　　　C. 一般　　　D. 较不重要　　　E. 很不重要

（20）你的工作能使世界更美丽。

　　　　A. 非常重要　　　B. 比较重要　　　C. 一般　　　D. 较不重要　　　E. 很不重要

（21）在你的工作中，不会有人常来打扰你。

　　　　A. 非常重要　　　B. 比较重要　　　C. 一般　　　D. 较不重要　　　E. 很不重要

（22）只要努力，你的工资会高于其他同年龄的人，升级或涨工资的可能性比干其他
　　　工作大得多。

　　　　A. 非常重要　　　B. 比较重要　　　C. 一般　　　D. 较不重要　　　E. 很不重要

（23）你的工作是一项对智力的挑战。

　　　　A. 非常重要　　　B. 比较重要　　　C. 一般　　　D. 较不重要　　　E. 很不重要

（24）你的工作要求你把一切事情安排得井井有条。

　　　　A. 非常重要　　　B. 比较重要　　　C. 一般　　　D. 较不重要　　　E. 很不重要

（25）你的工作单位有舒适的休息室、更衣室、浴室及其他设备。

A. 非常重要　　B. 比较重要　　C. 一般　　D. 较不重要　　E. 很不重要

（26）你的工作有可能结识各行各业的知名人物。

A. 非常重要　　B. 比较重要　　C. 一般　　D. 较不重要　　E. 很不重要

（27）在你的工作中，能和同事建立良好的关系。

A. 非常重要　　B. 比较重要　　C. 一般　　D. 较不重要　　E. 很不重要

（28）在别人眼中，你的工作是很重要的。

A. 非常重要　　B. 比较重要　　C. 一般　　D. 较不重要　　E. 很不重要

（29）在工作中你经常接触到新鲜的事物。

A. 非常重要　　B. 比较重要　　C. 一般　　D. 较不重要　　E. 很不重要

（30）你的工作使你能常常帮助别人。

A. 非常重要　　B. 比较重要　　C. 一般　　D. 较不重要　　E. 很不重要

（31）你在工作单位中，有可能经常变换工作。

A. 非常重要　　B. 比较重要　　C. 一般　　D. 较不重要　　E. 很不重要

（32）你的作风使你被别人尊重。

A. 非常重要　　B. 比较重要　　C. 一般　　D. 较不重要　　E. 很不重要

（33）同事和领导人品较好，相处比较随意。

A. 非常重要　　B. 比较重要　　C. 一般　　D. 较不重要　　E. 很不重要

（34）你的工作会使许多人认识你。

A. 非常重要　　B. 比较重要　　C. 一般　　D. 较不重要　　E. 很不重要

（35）你的工作场所很好，比如有适度的灯光，安静、清洁的工作环境，甚至恒温、恒湿等优越的条件。

A. 非常重要　　B. 比较重要　　C. 一般　　D. 较不重要　　E. 很不重要

（36）在工作中，你为他人服务，使他人感到很满意，你自己也很高兴。

A. 非常重要　　B. 比较重要　　C. 一般　　D. 较不重要　　E. 很不重要

（37）你的工作需要组织和计划别人的工作。

A. 非常重要　　B. 比较重要　　C. 一般　　D. 较不重要　　E. 很不重要

（38）你的工作需要敏锐的思考。

A. 非常重要　　B. 比较重要　　C. 一般　　D. 较不重要　　E. 很不重要

（39）你的工作可以使你获得较多的额外收入，比如：常发实物、能购买打折扣的商品、常发商品的提货券、有机会购买进口货。

A. 非常重要　　B. 比较重要　　C. 一般　　D. 较不重要　　E. 很不重要

（40）在工作中你是不受别人差遣的。

A. 非常重要　　B. 比较重要　　C. 一般　　D. 较不重要　　E. 很不重要

（41）你的工作结果应该是一种艺术而不是一般的产品。

A. 非常重要　　B. 比较重要　　C. 一般　　D. 较不重要　　E. 很不重要

（42）在工作中不必担心会因为所做的事情领导不满意，而受到训斥或经济惩罚。

A. 非常重要　　B. 比较重要　　C. 一般　　D. 较不重要　　E. 很不重要

(43) 你在工作中能和领导有融洽的关系。

    A. 非常重要   B. 比较重要   C. 一般   D. 较不重要   E. 很不重要

(44) 你可以看见自己努力工作的成果。

    A. 非常重要   B. 比较重要   C. 一般   D. 较不重要   E. 很不重要

(45) 在工作中常常要你提出许多新的想法。

    A. 非常重要   B. 比较重要   C. 一般   D. 较不重要   E. 很不重要

(46) 由于你的工作，经常有许多人来感谢你。

    A. 非常重要   B. 比较重要   C. 一般   D. 较不重要   E. 很不重要

(47) 你的工作成果常常能得到上级、同事或社会的肯定。

    A. 非常重要   B. 比较重要   C. 一般   D. 较不重要   E. 很不重要

(48) 在工作中，你可能做一个负责人，虽然可能只领导很少的人，但你信奉"宁做兵头，不做将尾"的俗语。

    A. 非常重要   B. 比较重要   C. 一般   D. 较不重要   E. 很不重要

(49) 你从事的那种工作，经常在报刊、电视中被提到，因而在人们心目中很有地位。

    A. 非常重要   B. 比较重要   C. 一般   D. 较不重要   E. 很不重要

(50) 你的工作有数量可观的夜班费、加班费、保健费或营养费等。

    A. 非常重要   B. 比较重要   C. 一般   D. 较不重要   E. 很不重要

(51) 你的工作比较轻松，精神上也不紧张。

    A. 非常重要   B. 比较重要   C. 一般   D. 较不重要   E. 很不重要

(52) 你的工作需要和影视、戏剧、音乐、美术、文学等艺术打交道。

    A. 非常重要   B. 比较重要   C. 一般   D. 较不重要   E. 很不重要

因子项及计算方法：

(1) 选项分值：A＝5，B＝4，C＝3，D＝2，E＝1。

(2) 因子项（括号内为题号）：① 利他主义：〈2〉+〈30〉+〈36〉+〈46〉；② 美感：〈7〉+〈20〉+〈41〉+〈52〉；③ 智力刺激：〈1〉+〈23〉+〈38〉+〈45〉；④ 成就感：〈13〉+〈17〉+〈44〉+〈47〉；⑤ 独立性：〈5〉+〈15〉+〈21〉+〈40〉；⑥ 社会地位：〈6〉+〈23〉+〈32〉+〈49〉；⑦ 管理：〈14〉+〈24〉+〈37〉+〈48〉；⑧ 经济报酬：〈3〉+〈22〉+〈39〉+〈50〉；⑨ 社会交往：〈11〉+〈18〉+〈26〉+〈34〉；⑩ 安全感：〈9〉+〈16〉+〈19〉+〈42〉；⑪ 舒适：〈12〉+〈25〉+〈35〉+〈51〉；⑫ 人际关系：〈8〉+〈27〉+〈33〉+〈43〉；⑬ 追求新意：〈4〉+〈10〉+〈29〉+〈31〉。

(3) 结果解释：先将 13 个因子得分从高到低排序，测评结果取得分最高的三项，可并列显示，如第三和第四分数相同，则可显示四项。

● 社会交际

社会交际在你的职业价值观中的得分较高。这表明你期望在工作中能和各种人交往，建立比较广泛的社会联系和关系，甚至能和知名人物结识。

重视社会交际的你适合从事常与人接触的工作，例如销售、公关人员、人力资源、记者、导游、培训师、咨询师、社工。你需要可以与人接触的工作，行业并不是最关键的因素，不过公关、媒体、广告、会展等行业会有更多的机会与不同的人接触，你可以重点关注这些行业。

- 安全感

安全感在你的职业价值观中的得分较高。这表明你希望在工作中有一个安稳的局面，不会因为奖金、涨工资、调动工作等经常提心吊胆、心烦意乱。

重视安全感的你适合进入政府、事业单位或者大型国企等组织，这些类型的组织工作环境较稳定，能满足你对安全感的需求。你不适合进入小型民企或创业公司，因为这些公司所处的市场环境变化较快，公司员工流动性较大，会让你感到不安全。

- 舒适

舒适在你的职业价值观中的得分较高。这表明你希望工作可以作为一种消遣、休息或享受的形式，追求比较舒适、轻松、自由、优越的工作条件和环境。

重视舒适的你适合从事行政管理类的工作，这类工作流程明确，作息规律，能满足你对舒适的要求；与业务直接有关的工作并不适合你，因为业务部门的工作压力往往要大于支持部门。从组织类型上看，你适合进入大型外企、国企、政府、事业单位等，这些组织的工作环境较好，餐饮和办公条件较好，作息也比较规律，能满足你对舒适的需要。

一些大型互联网公司的工作环境也非常舒适，有些公司还为员工配备了健身房等生活娱乐设施，这些公司的工作时间也很自由，一定程度上能满足你对舒适的需要。但是由于互联网公司工作压力较大，时常加班，所以是否进入需要你个人权衡。

- 成就感

成就感在你的职业价值观中的得分较高。这表明你工作的目的和价值，在于不断创新，不断取得成就，不断得到领导与同事的赞扬，或不断实现自己想要做的事。

重视成就感的你适合从事可以明确衡量业绩的工作，如市场、销售、生产、研发；后勤和支持类的职位并不是最佳选择。从组织类型上看，民企或创业公司会有更多的机会令你获得成就感，事业单位比较不容易获得成就感。

绝大多数人都希望在工作中获得成就感，如果你在工作中成就不易显现，不容易得到领导和同事的赞扬，你可以主动创造一些条件来获得成就感，如记录每天工作中最有成就的事情，每周或每月总结自己的成就。将工作中的一点一滴记录下来，积累到一定程度以后，自然会感到极大的成就感。

- 管理

管理在你的职业价值观中的得分较高。这表明在工作中你希望可以获得对他人或某事物的管理支配权，能指挥和调遣一定范围内的人或事物。

重视管理的你比较适合从事与管理有关的职业，如企业或政府中的各类管理职位、管理咨询顾问、律师、政治或经济学者。在组织类型或行业方面，对你来说并没有什么特殊的限制。

除了在组织内部成为管理者，你也可以考虑创业，这样可以实现你对管理的追求。然而创业需要很多准备，你可以进行创业准备度测试，看看自己是否准备好创业了。

- 人际关系

人际关系在你的职业价值观中的得分较高。这表明你希望一起工作的大多数同事和领导人品较好，相处在一起感到愉快、自然，认为这就是很有价值的事，是一种极大的满足。

重视人际关系的你应该重点考虑一些成员平均年龄与你的年龄相近的公司，在这样的组织中，同事跟你年龄相仿，更容易相处。你比较不适合一般的国企和事业单位，因为这些组织中人际关系相对复杂，并不是你所喜欢的。从行业方面看，从事教育、公益等行业的人相对容易相处，但也并非绝对的。

值得注意的是，人际关系是绝大多数人都会看重的职业价值观，并且人际关系与职位和行业的关系较小，因此在选择职业时仅适合作为参考因素。处理人际关系是一项技能，需要在工作中不断练习，当你具备处理人际关系的能力的时候，在哪工作都不是问题了。

- 美感

美感在你的职业价值观中的得分较高。这表明你需要在工作中能不断地追求美的东西，得到美的享受。

重视美感的你适合从事与艺术和创作有关的工作，如产品设计、广告设计、UI 设计、市场策划、电影电视编导等职位。行业方面，你可以进入与艺术和设计有关的行业，如广告、电影；也可以进入其他行业中的市场或设计部门。

然而，追求美感并不意味着你必须具有深厚的艺术功底，也不意味着你一定要直接从事艺术方面的工作。在日常工作中，例如排版一份文档，或者修改一个产品的细节，你都可以发挥自己的主动性，将美感融入每天的工作中。

- 经济报酬

经济报酬在你的职业价值观中的得分较高。这表明在工作中你非常重视报酬，期望工作使自己有足够的财力去获得自己想要的东西，让生活过得较为富足。

重视经济报酬的你比较适合从事回报较高的职业，如销售、讲师和互联网技术人员等，这些职业可以在较短时间内获得较高的回报。从行业类型上看，你适合进入正在快速上升的行业，互联网、金融、教育培训、医疗等行业是可以重点考虑的。

经济报酬是伴随着工作能力的增强而提高的，在现有岗位和行业上坚持提升自己的能力比频繁地更换工作会获得更大的经济报酬。

- 利他主义

利他主义在你的职业价值观中的得分较高。这表明你工作的目的和价值，在于直接为大众的幸福和利益尽一份力。

重视利他的你适合从事教师、心理咨询师、社会工作者、医生、护士等工作，这些工作有很多机会可以帮助到他人。从行业方面看，你可以进入教育、医疗、公益等行业，这些行业都是为他人或社会服务的，不论你在其中做任何职位，都可以直接或间接地帮助到他人。

持有利他主义价值观的人最容易遇到的问题是帮助他人与金钱报酬之间的冲突。通常的解决方法是在职业早期先进入报酬可以满足自己生活开销的工作，利用业余时间帮助他人，当时机成熟时再全职做一些公益的事情。

- 追求新意

追求新意在你的职业价值观中的得分较高。这表明你希望工作的内容经常变换，使工作和生活显得丰富多彩、不单调枯燥。

追求新意的你适合从事有创造性的不重复枯燥的工作，例如市场策划、互联网产品、广告创意设计。在行业方面你比较适合进入曙光或者朝阳行业,如互联网、文化教育、金融、新媒体、新能源,这些行业刚刚兴起不久,有很多不确定性,会让你觉得工作丰富而不单调;传统制造业和服务业的工作流程相对固定,不适合你。从组织类型上看,民企或创业公司更能满足你对新鲜感的追求,而大型国企、政府、事业单位的工作相对较为稳定,流程相对单一,并不适合你。

值得注意的是,大多数职位在初级阶段都会经过重复枯燥的过程,这个过程是必经的,当积累了一定经验之后,你将会负责更多新的任务,工作就会变得丰富多彩起来。

- 独立性

独立性在你的职业价值观中的得分较高。这表明你很看重在工作中能充分发挥自己的独立性和主动性,按自己的方式、步调或想法去做事,不受他人的干扰。

重视独立性的你比较适合的职业类型有培训师、销售、设计、技术等可以独立工作,发挥自己专长的职业,通常可以向专家型角色发展。你比较适合组织结构较扁平的公司,如互联网公司、小型创业公司。上下级分明的组织,如大型国企、事业单位等并不适合你,因为在其中你需要照顾领导的想法,而不能完全按照自己的方式做事。

- 社会声望

社会声望在你的职业价值观中的得分较高。这表明你期望自己从事的工作在人们的心目中有较高的社会声望,从而使自己得到他人的重视与尊敬。

重视社会声望的你比较适合从事社会主流认可的工作。依据我国的现状,你比较适合的职业类型有公务员、大学老师、医生、大型企业员工等。你适合的组织类型主要有政府机关、事业单位以及规模较大的公司等。你适合的行业类型主要有金融、文化教育、互联网等。

值得注意的是,社会的观念是会随时间改变而变化的,每个年代人们所看重的东西都不同,坚定自己的信念,找到自己认可的价值才是最重要的。

- 智力刺激

智力刺激在你的职业价值观中的得分较高。这表明你需要在工作中可以不断动脑思考,学习以及探索新事物,解决新问题。

重视智力刺激的你适合从事设计、开发、产品经理、咨询顾问、研究等工作,这些工作经常会面临新的问题,需要经常学习和思考才可以解决,可以满足你对智力刺激的需要。从行业类型上来看,你适合进入曙光或朝阳行业,如互联网、金融、教育培训、医疗、文化传媒、新能源,这些行业由于兴起不久,有许多以前没遇到过的问题需要解决,可以满足你对动脑思考、学习和探索新事物的需要。

 课堂讨论

1. 请依据 MBTI 确定自己的职业性格。
2. 谈谈如何培养职业技能。

第三章　职业生涯规划实施

第一节　职业探索与分析

认定士官分队长的小刘

　　小刘是大学本科毕业以后入伍的,原以为自己学历高,到了部队有提干的机会,进了部队后才发现自己想得太简单。大学生士兵想要提干,需要在义务兵两年期间,有"优秀士兵"荣誉,还要有副班长及以上级别。也正是因为没有这个副班长及以上级别,让小刘失去了提干的机会。想来想去,小刘觉得义务兵退伍是最好的选择,趁着年轻,去社会上还有大的发展空间,于是决定退伍。

　　就在小刘决定退伍的时候,指导员找他说了一番话,又让他改变了退伍的想法。指导员说:"随着国防事业以及军队现代化建设的不断推进,各种高科技武器陆续投入使用,需要有高学历、高素质的士兵进行操控,高素质兵源是当下军队迫切需要的。现在基层连级单位有了士官分队长职务,对大学生士兵来说,也是一种机遇。而想要担任士官分队长,是需要学历的,相比学历低的战友,大学生士兵在学历方面有优势,相信高学历士兵在部队发光发亮的时间不会太远。"

　　点评:小刘听了指导员对部队未来发展趋势的分析,改变了退伍的决定,认定了士官分队长这个岗位,小刘决定的改变来自他对发展环境的深入了解。在进行职业选择时,需要分析环境对自己职业生涯发展的影响,认识到职业发展的局限和可能,才能在复杂环境中趋利避害。

一、什么是职业

　　人的一生离不开职业,职业生涯的成功直接关乎人生的幸福程度。职业不仅是我们维持生计的手段,还是我们的兴趣所在、理想所寄、抱负所托。职业是人类社会发展到一定阶段的产物,是每个人社会生活中的重要组成部分。职业是人的一种社会活动和生活方式,又是一种经济行为,是人们实现人生价值的重要途径。准确把握职业的概念,是正确制订个人职业生涯规划的前提条件。劳动者相对稳定从事赖以生活的工作,是劳动者获得的社会角色,是劳动者的社会标志。

要探索职业世界,我们首先要搞清楚什么是职业。职业是一类性质相似的工作的总称,是人们从事的相对稳定的、有收入的、专门类别的工作。我们可以从五个方面来认识职业:① 维持生计。有合理稳定的收入,并以此维持生计。② 承担社会角色。人们通过职业归属到某个组织里,承担特定的社会角色。③ 自我实现。通过职业发挥自己的才能,实现个人的理想和抱负。④ 持续性活动。职业不是一时的、短暂的活动,而是持续性的活动。⑤ 伴随劳动行为。职业一定伴随着劳动行为,脑力劳动或者体力劳动。职业是人类社会发展到一定阶段的产物,是伴随着社会分工而产生的,能反映一个人的社会身份、社会地位、知识、能力、素质水平等。

二、职业的分类

2015 版《中华人民共和国职业分类大典》把我国职业划分为由大到小、由粗到细的四个层次:大类(8 个)、中类(66 个)、小类(413 个)、细类(1 838 个)。细类为最小类别,即职业。

三、我国职业发展变化的主要表现形式

(一)职业发展变化的主要表现形式

随着科技的快速发展,职业变迁的速度也越来越快。互联网的发展,为人们创造了很多新的岗位,与此同时,也使得一些曾经热门抢手的职业悄然消失。我国的职业发展变化主要有以下表现形式。

(1)由单一、基础型向跨专业、复合型转变。职业岗位的要求和劳动方式逐步复杂化,职业内涵不断丰富,需要跨专业和复合型人才。

(2)由封闭型向信息化、开放型转化。岗位工作的范围和服务对象越来越复杂,人与人之间的沟通协作需求大大地增强。

(3)由继承型向创新创造型转化。知识经济的到来,要求人们不断地树立创新意识,在自己的岗位上进行创造性的劳动。

(4)服务型职业由普通低端化向个性化、知识型转变。人们越来越多地追求个性化服务,对从业人员的知识、能力和素质要求也不断提高。

(5)职业活动趋向绿色、低碳、可持续。全球经济正在向绿色、低碳、可持续发展升级,职业活动也向着相应的趋势变化发展。

(6)人工智能时代带来的挑战。随着人工智能的广泛应用,不仅会加速对传统行业的改造,职业的转型也会带来大量新的行业兴起,身处人工智能时代的我们,必须关注人工智能的最新科技趋势,尽快地提升应变能力。

(二)职业探索方法

大学生在进行职业生涯规划的过程中,需要了解职业探索的方法,选择不同的方法全方位了解目标职业,为职业决策提供参考依据。

1. 社会调查法

大学生通过信息搜集、招聘广告分析等一些具体的方式对目标职业进行基础性调查,对目标职业形成初步认识,评估职业获取的可行性。调查的目的是认识目标职业的社会

意义,熟悉职业环境,使自己对做好职业工作所需要的知识、技能、生理条件及个性特征有一个初步的认识,对该职业的生存环境、发展前途以及个人照此发展可能取得的职业成就等形成初步印象,评估职业发展前景和职业获取的必要性。调查内容包括:目标职业所处的社会环境;单位的组织结构及工作流程,岗位要求,从业条件,薪酬福利待遇等。调查方式包括:网络信息收集,到相关职业现场进行参观考察,发放调查问卷,收集、分析招聘广告,了解岗位的从业条件。

2.实习见习法

实习见习是将理论知识运用于实践又在实践中丰富和提高的一种重要方式。实习的目的是树立角色意识,积累职业经验,收集目标职业第一手资料,对职业的工作任务、工作要求、工作环境及个人适应情况进行更深入和更真实的了解、判断,培养理论联系实际的能力。了解工作的程序、报酬、奖惩、管理及升迁发展的信息,提高实践能力,提高职业素质。实习内容包括:了解用人单位概况,外部环境和组织结构,组织的管理状况及现代化技术的应用情况,工作岗位的职能、工作内容、工作要求、应聘的程序和要求等。实习的方式包括:就业指导中心的安排,教师推荐,家人及朋友介绍等。联系用人单位进行职业体验,到职业场所进行打工,义务劳动或者教学实习实践。暑期社会实践和毕业实习都属于这一类的实践活动。

3.人物生涯访谈法

人物生涯访谈法是通过与一定数量的职场人士交谈而获取关于一个行业、职业和单位信息的职业探索活动。访谈的目的是了解和认识社会需求、行业需求和实际工作情况,获取相关职业领域的信息,判断自己是否真的对该职业感兴趣。访谈内容包括从业资格与从业条件,求职应聘程序,工作岗位职能与工作质量标准,岗位的技能要求,职业发展前景等。访谈形式可以是面谈形式、邮件交流、电话沟通、视频沟通等。访谈程序分为三步:第一步,寻找访谈目标职业人物。访谈对象一般是某行业的资深从业者。第二步,拟定访谈问题。访谈问题可以围绕职业探索、在校生努力方向、人格塑造等问题展开。第三步,开展实地采访。预约受采访人,确定采访的时间、地点等。

 案例分享 3-1

职业及其环境分析

张雯(化名)是某高职财务管理专业的学生,她想成为注册会计师,职业理想是在国际著名的四大会计师事务所工作。她通过查阅资料、与在四大会计师事务所工作过的同学进行访谈,对职业环境进行了综合分析。

1.职业宏观环境分析

我国目前政治环境稳定,为会计的发展创造了非常好的环境。加入世界贸易组织(WTO)后,企业财会人员熟悉了入世后修改的相关法律和法规。随着经济全球化,国内企业中的国际会计业务层出不穷,这就要求我国会计行业的发展必将朝着国际化的方向改革。我国有关会计准则制订方面的理论研究还显得薄弱滞后,在具体条款上与国际会计惯例在许多方面尚存在一定的差距。

2. 大学生整体就业环境分析

现在大学生的就业压力越来越大,其原因主要有以下几个方面。

(1) 随着这几年的高校扩招,大学生毕业人数逐年攀升,但用人单位的招聘幅度提升空间并不大。

(2) 人才"扎堆"现象。因为绝大多数大学毕业生都向外企、国企、行政机关涌入,而且北上广深这几个城市一直是毕业生职业目的地的首选,所以造成了就业压力相对过高的现象。

(3) 企业对人才素质的需求与大学毕业生的素质观念之间存在差异。

(4) 企业对已经招聘的大学生满意度一般,这样将间接影响企业对扩充招聘大学生的决定。

3. 会计专业人才分析

(1) 会计人才状况。高级的财务管理人员供不应求,而中低级的基础会计人员供过于求。我国目前有一千多万从事会计事务的人员,但大部分还是处于低端水平;绝大部分财务人员的知识结构、管理理念、从业经验仍然相对落后。

(2) 会计人才从业领域。会计专业的人才大多在会计公司、会计师事务所、企业和事业单位的财会部门、金融机构及保险机构从事会计事务。

4. 我国注册会计师行业的发展现状和存在的问题

我国注册会计师行业恢复发展起步晚,从业人员素质参差不齐。

5. 组织环境分析——四大国际会计公司

公认的四大国际会计公司分别是普华永道、毕马威、德勤和安永。这四家全球性的公司早已在我国多个城市设立了办事机构——普华永道中天、毕马威华振、德勤华永、安永大华。"四大"每年都会吸引大量的大学毕业生和注册会计师,它们绝对是大多数会计学等专业学生梦寐以求的就业地。

6. 家庭背景、社会关系和家庭经济状况

父母均工作,收入稳定,经济状况良好,暂时没有什么大的经济负担。这就决定了我(张雯)可以按照自己的意愿去选择自己喜欢的行业。家庭期望:父母希望我能找到一份稳定的、待遇较好的工作,出人头地。这对我自尊价值取向的职业价值观的形成有很大影响。一直以来我都希望能从事一份受人尊重的、能展现自己才华的工作,而管理者就是我对自己能力爱好分析后所作出的一个选择。家庭影响:我从小就被告知"一分耕耘,一分收获""无论在什么地方,做什么事情,都要争取做到数一数二"。因此,我的性格中既有好强、进取的一面,又有稳重、踏实的一面。

7. 就业环境探索

近年来大学生就业压力日渐增大,就业环境对大学生提出了更高的要求。从我所读的财务管理专业的就业前景来看,中低级财会人员供过于求,高级财务管理人员供不应求,尤其是具有相关专业资格证书的财会人员就业前景更加明朗。也就是说,我应该把就业目标定在高级财会管理这个层次上,这样就业空间就会相对较大。而在会计行业中"四大"的实力是最强的,这就吸引了众多的应聘者。整体而言我的竞争力还是比较强的,我会在大学里努力学习,提高能力,争取进入"四大"。

第二节　大学生职业生涯规划的步骤

老张今年 32 岁，毕业后就在现在的公司从事游戏开发工作，从执行策划做起，后来做主策划，现在做项目经理。他在上个项目中做策划，在新项目里成为项目经理，虽然做主策划的那个项目最终利润不高，但那个岗位是他最满意的，现在做了项目经理，感觉反而乱了头绪。他发现成为项目经理后，要管理整个研发团队（策划、程序、测试、美术），而自己有很多不足，如对编程不太懂，平时忙于加班，没有额外的时间进一步提升；另外除了自己部门的一堆事，还要跟其他部门沟通，横向、纵向的沟通、协调一个都少不了，顿时觉得自己乱了，感觉自己不适合做这个项目经理，这是其一。其二，这个岗位经常会加班到深夜，实在是顾不上家庭，父母年纪大了，孩子还在读书，方方面面都需要精力去照顾。

点评：老张因为岗位变动，面临很多新的挑战，存在适应困难的问题。老张如果长时间不能胜任这个工作的话，就存在需要重新进行职业生涯规划的问题。正确把握职业生涯规划的基本流程，对于制订并实施职业生涯规划，促进职业发展是非常重要的。

一、职业生涯规划的方法

不同的理想，不同的职业生涯规划，可能会成就不一样的灿烂人生。职业生涯规划在很大程度上决定了人一生的幸福，合理的职业生涯规划会帮助你拥有更清楚的奋斗目标和更具体的行动步骤，会鞭策你按照规划去行动，让你更有信心面对未来。大学生可以采用"五步法"进行职业生涯规划，如图 3-2 所示。

第一步，自我评估。对自己进行全方位、多角度的分析，具体包括：职业兴趣，你喜欢干什么；职业能力，你能够干什么；个人特质，你适合干什么；职业价值观，你最看重什么；胜任能力，是否能胜任自己最看重的职业。

第二步，环境评估。对影响职业选择的相关外部环境进行系统分析，具体包括：家庭环境分析，如家庭经济状况、家人工作、家人期望；学校环境分析，如所学专业情况、实践经验；社会环境分析，如就业形势、就业政策；职业环境分析，包括对地域（工作城市情况）、行业（行业现

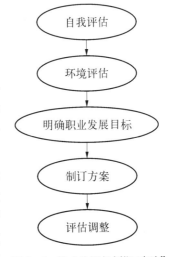

微课：职业生涯规划的步骤

图 3-1　职业生涯规划"五步法"

状及发展趋势）、企业（企业文化及发展情况）、职业（工作内容、工作要求、发展前景）等进行分析。

第三步，明确职业发展目标。关于职业目标的确立，可以借用 SWOT 分析法进行分析，包括优势（strengths）、劣势（weaknesses）、机会（opportunities）、威胁（threats）四个方面。其中，S、W 主要用来分析自身条件，O、T 主要用来分析外部环境。借助 SWOT 分析法，我们能更直观、具体地看到自身的优劣势所在，发现外部环境中存在的机遇和潜在的风险。通过自我分析和职业分析，结合 SWOT 分析法，初步确立自己的职业目标，包括短期、中期、长期和人生目标的确定，并对各个时期的目标进行分解。

第四步，制订方案。在确定并细分职业目标后，需要制订详细、可行的行动方案。行动方案应包括实施时间、实施措施等因素，近期规划要比较具体。

第五步，评估调整。职业生涯规划是一个动态的过程，必须按照实际情况的变化进行评估与调整。评估的内容包括职业目标评估、职业路径评估、实施策略评估、其他因素评估等。评估的时间一般定为半年或者一年，当出现特殊情况时，可以随时进行评估。调整的基本原则包括实事求是、适时性、实践性、详细具体等。

 案例分享 3-2 ----------------------------------

教学名师何老师的职业规划

何老师为了更好地确立人生方向，找到奋斗路径，便为未来三年如何发展制订了职业规划。总目标是：努力成为各方面水平都较高的教师，并在科研、课题上有所成就。

1. 职业生涯规划之自我认知

何老师是个性格开朗的人，为人直率，工作责任心强。2019 年大学本科毕业后走上工作岗位，从事英语教学至今工作已一年多。在这一年中，适应并实现了从学生到教师的转变。在这个过程中有失败后的迷茫，也有成功后的喜悦，发现自己更加热爱教书育人这项事业。

2. 职业规划之三年目标

根据自己未来三年的规划总目标，制订出可以量化的具体目标，以供自己对照与参考。

一年目标：虚心接受经验丰富的老教师和同事们的指导和帮助，端正教育思想，热爱教育工作，热爱学生。在此基础之上，多上几次公开课，取得领导和老师们的肯定；论文写作上在区里或学校有所成绩；在工作上能得到老师和学生的肯定及信任。

两年目标：在教学上有一定的提高，并争取能开几次校级、区级或市级的公开课。教师基本功也能在区里得到一定的成绩。科研上认真参加英语组的课题研究，并努力做出自己的成绩。

三年目标：成为业务水平较高的教师，不断运用所学的理论知识指导自己的教学实践，在教学实践的进程中感悟课程新理念，使自己的教学能力迅速提高，驾驭课堂更加游刃有余。在科研上有一定的成绩,能够在区里小有成就。

3. 职业规划的目标实施细则

在确定职业规划目标后,行动便成了关键的环节。为此他制订出详细的实施步骤,以便定时检查。

(1)师德方面。作为一名教师,坚决拥护党的领导,热爱祖国和教育事业;严格遵守教育法规,遵守学校规章制度;规范自己的行为,提高自身的素质。

(2)教学专业化水平。教师不仅要使学生掌握科学知识、形成技能,培养和发展学生的智力和体力;而且要使学生养成文明的行为、良好的习惯,具有高尚的情操、坚强的意志。这就要求教师不断提高自身的教育水平,增加自己的教育感染力,用心去教育学生。另外就是因材施教,善于发现学生的特点,并能运用适合的方式进行指导,提高他们对学习的兴趣和信心,鼓舞他们前进。在今后的教学实践中我要学会如何完成课堂教学任务,如何控制时间,如何实现师生互动,如何让学生更好地掌握知识,以完成教学相长的教育终极目标。具体做法如下。

① 科学备课。首先,通过各种方法提高学生对英语的兴趣;拉近学生与老师之间的心理距离。其次,把生活中的东西拿到课堂中来学习,把课堂学习到的东西用到生活中,促进学生对题目的理解,真正达到学以致用的目的,并给他们表现的机会,这对增加学生的学习兴趣相当有用。最后,作为老师,在备课时要考虑到学生的接受能力,设计题目的难易程度要适当。

② 高效上课。成功的课堂标准之一是学生的训练时间要多于老师的讲授时间。一节课讲授的内容不能安排得太多,但形式要灵活多样,尽量让每一个学生有练习的机会。善于发现并及时利用学生在学习中产生的新的学习资源。知识之间不是独立存在的,而是相互联系的,我们要引导学生发现学习的规律,减轻其学习的负担。

除了鼓励学生多做课堂训练,我还鼓励学生配合教师的教学,当大家的小老师,变化教学方法,让学生来承担一部分教学任务。

(3)教学理论及教学研究。

第一,积极努力学习专业的教学理论知识,并能运用在自己的教学中,及时进行反思。工作中不断阅读有关教学理论的书籍,不断提高自己。平时也要不断补充其他方面的理论知识,丰富自己,做到多听、多看、多写。

第二,积极主动进行教学研究,有自己的教学课题,并对课题不断改进,增强课题的价值。时代在发展,要求教师要创新。在以后的工作中,不仅要提高能力,积累经验,总结方法,还要培养自身的创新意识,真正实现创新教育。

第三,学习各方面的知识,开阔眼界,在学生的英语课外活动方面多下功夫。在今后几年的工作中要加强这方面的学习,了解更多的英语课外知识,努力把学生的英语课外活动办好。

4. 评估与回馈

为使自己的规划行之有效,还需要不断地对规划进行评估与修订。

二、制订职业生涯的行动计划

 案例分享 3－3

立志做机器人系统架构师的李华

　　李华(化名)是机械工程专业大三学生,他的职业规划目标是成为一名现代化矿业智能机器人系统架构师。在系统分析自身情况和职业发展情况后,他为自己设立了三条路径:① 提升自身理论水平与实践能力;② 成为一名优秀的机器人方向研究生;③ 成为一名现代化智能机器人系统架构师的核心人选。他也为此制订了阶段性计划,立志在 2035 年后成为一名合格的机器人架构师。目标实现步骤如下:短期目标是 2021—2022 年获得工学、计算机辅修双学位,撰写发表学术论文;中期目标是 2023—2025 年发表多篇高水平学术论文,获得硕士学位;长期目标是 2025 年以后获得进入大型机器人公司工作的机会,逐步成为业内执牛耳者。

　　点评:李华在明确自己的职业规划目标是成为一名现代化矿业智能机器人系统架构师后,制订了非常清晰的行动计划,这有利于他的职业规划的实施,有利于职业目标的实现。目标指引方向,行动决定成败。再明确的目标如果没有具体的行动方案,也只能成为遥远的期望。为了在激烈的竞争中求得发展,取得职业生涯的成功,我们每个人都要有一套具体可行的行动方案。

(一)了解职业发展路线图

　　在个人的职业生涯规划过程中,职业发展路线是指一个人确定职业方向后选择通过什么样的途径去实现自己的职业目标。大学生如果缺少职业发展路线图就会走许多错路、弯路、回头路,导致资源、时间和精力的浪费,所以每个人在确定职业方向后,应该设定好职业发展路线图,保证今后的学习和工作沿着预定的路线发展。

　　1. 职业发展目标的分解

　　要实现目标就要像上楼梯一样一步一个台阶把大目标分解为多个易于达到的小目标,脚踏实地地向前迈进,这样每前进一步到达一个小目标,就会体验到成功的喜悦,这种感觉将推动自己充分调动潜能以达到下一个目标。在现实中,我们拟定的职业目标之所以会半途而废,就是因为目标定得太大、太遥远。我们不是因为失败而放弃,而是因为倦怠而放弃。职业目标分解是将职业目标清晰化、具体化的过程,是将目标量化为可操作实施方案的有效手段。按照时间的长短,通常把个人职业目标分为人生目标、短期目标、中期目标和长期目标。

　　2. 职业发展路线的分类

　　职业发展策略也是职业发展路线,是指为达成职业发展目标而选择的道路,是实现职业发展目标的行动计划。根据霍兰德职业分类理论,可以把职业发展路线分为技术型、管理型、稳定型、创作型、自主型五种。这五种职业发展路线并不是一条路走到底的,其中也可能出现交叉和并轨。比如,某人最初在企业从事软件开发的纯技术工作,经验和能力不断积累后被提拔为研发部的经理,走向了更高层的管理岗位,逐步由专业技术型向行政管理型转化,或者是时机成熟后开创自己的企业,创办自己的科技公司,这就变成了创作型职业发展路线。职业生涯的发展由一个个职业阶梯贯穿于不同的阶段而组成,可以由低到高拾级而上。比如,长期目标要做一个大型公司的财务总监,实现的路径可以是毕业后直接就业,从做小企业财会人员这个短期目标起步,经过主管会计师这个中期目标后再向大型企业财务部经理迈进,最后实现财务总监这个长期目标。因此,阶段性的职业发展路径,也可以由职业发展阶梯来展现。

3. 职业发展策略的制订

根据个体的现实差异,可以选择的有效策略多种多样,大体可以分为以下三类:第一,一步到位型。针对现有条件下能达成的职业目标,动用当下的资源很快实现目标。比如,希望成为汽车工程师,就可以直接进入与汽车工程相关的企业工作。第二,多步趋近型。对于目前无法实现的目标,先选择较为接近的职业,然后逐步地趋近。比如,想创业但没有足够的资本,可以先给别人打工以积累资源。第三,从业期待型。当下无法实现理想的目标,也没有相近的职业可以选择时,先选择一个职业开始工作,等待时机再实现自己的理想目标。有效的职业发展策略需要根据自身条件的改变主动适应环境变化,不断地对职业生涯规划进行评估和修订,包括职业生涯路线的选择、目标的修正、实施计划的变更等。

(二) 制订行动计划

制订行动计划具体如下。

1. 进行差距分析

所谓差距分析就是将现实条件与达成职业生涯目标所需条件进行对照,找出其中的差距。差距主要表现为思想观念上的差距、知识上的差距、心理素质上的差距、能力上的差距等。

2. 思考缩小差距的方法

缩小差距的方法主要有教育培训、讨论交流、实践锻炼等。教育培训是很多职场人士提升自己价值和水平,谋求职业发展的重要途径。随着社会的发展,知识的更新周期越来越短,不断地学习新知识掌握新技能,已经成为很多人的常态。讨论交流就是大家在讨论交流的过程中可以从不同的角度来看待问题和分析问题。思想的碰撞会产生火花,这样交流不仅能拓展思路,还能提出一些建设性的建议,从而找到问题的解决方案。实践锻炼是缩小差距的根本方法。空谈误国,实干兴邦。空谈误青春,实干兴人生。在职业生涯发展的道路上,要主动去尝试自己没有做过或者还做得不够好的事,在做的过程中会出现差错,正是这些差错让我们发现问题、总结经验,能够有效地提升我们的能力和价值。

3. 制订行动方案

制订行动方案是为了实现目标,在分析差距的基础上,利用各种方法弥补差距,达成目标的行动计划和措施。有效的职业生涯设计需要具体的、可行的、针对性强的行动方案。"具体"强调行动方案的内容要实在,清晰明确;"可行"强调行动方案要符合自身条件和外部环境,具有可操作性;"针对性"强调行动方案不仅直接指向目标,还指向本人与目标的差距。制订行动方案应遵循以下思路：①"近细远粗"的思路。实现近期目标的措施要更具体，针对近期目标的行动是马上就要执行的措施，应该有指标、易量化、可操作。后续阶段的方案会因为本人和环境等各种因素的变化而做出调整和改变，可以适当"粗糙"一些。②"逐级递进"的思路。行动方案要确保近期目标可实现，要为中期目标发展做铺垫，为长远目标实现打基础。③"弥补差距"思路。制订行动方案要以职业对从业者的具体要求与从业者自身条件之间的差距为主要依据，即现有职业能力与职业要求之间的差距，现有知识、技能与职业资格标准之间的差距，现有学历与岗位要求之间的差距，个人职业素养与职业要求之间的差距。按此思路制订行动方案会帮助我们一步步走向成功，实现目标。

 案例分享 3－4 ·•—————————————————————————————

小董的选择

小董是某重点师范大学的毕业生，学的是思想政治教育专业，在找工作时面临三个选择：第一是去参加公务员考试，做一名为人民服务的公务员；第二是去民办中学担任政治老师；第三是去一个高职院校担任思政课教师。

面临这三个选择，小董最希望去考公务员，工作稳定、社会地位高，她觉得能进入这样的岗位很骄傲，同学家人也建议她作这样的选择。就在小董准备寻找各种资料复习备考时，小董和她的学姐取得了联系。她的学姐在政府机关上班，是一名正式的公务员，她想通过学姐了解公务员的生活究竟是怎样的。通过跟学姐的交流，她发现公务员的工作状态并不是自己真正想要的，加之自己从小到大都没有担任过学生干部职务，确实对组织管理工作没兴趣，所以觉得做公务员很可能一辈子是个小职员，不会有大的成就感，于是她放弃了备考公务员的想法。

剩下两个选择，小董觉得高职院校毕竟是高校，是很多人都美慕的工作，于是她选择去职业院校当一名思政课教师。小董在学校表现就很优秀，所以顺利考上了某职业院校的思政课教师。入职一个月后，小董发现自己难以适应这份工作，每次上完课回到办公室都会吐槽一番，加之高校还有繁重的科研任务，所以小董感觉力不从心。于是她通过家人和同学打听民办高中政治老师的工作状态，通过了解她对这个岗位产生了浓厚的兴趣。她利用休息时间认真准备，备课、试讲、丰富拓展阅读资料，了解高中政治课的讲授要求，顺利当上了中学政治老师。虽然待遇不是特别高，但是这份工作比较有成就感，她感觉自己每天都是活力满满，加之离家近可以经常和家人团聚，小董很享受现在的工作状态。她觉得选择职业要遵从自己内心的召唤，而不是依赖别人的或大多数人的看法，选准了目标就要及时制订行动计划去实现这个心仪的目标。

·•———

第三节　职业生涯规划的评估与调整

 案 例 导 入

　　向先生,35岁,中专学历,是重庆一家车企的普通职员,由于单位业务整合,业务量减少,被部门裁员,待业在家。再次求职时,向先生考虑到所在的行业总体招聘量减少,各大车企纷纷裁员,自己想转行做别的。向先生在这家单位工作将近七年,技术单一,学历也不高,自己虽然也在招聘网上关注其他招聘信息,但是各类招聘岗位繁多,一时间也拿不定主意。

　　点评：计划赶不上变化,因为单位业务整合,向先生面临新的求职问题。我们在做职业生涯规划时要充分考虑到影响职业规划的因素,有的变化因素可以预测,有的变化因素难以预测,需要不断地对职业生涯规划进行评估与修订,确保职业生涯规划持续行之有效。

一、评估的内容

　　评估是个人对自身不断认识的过程,也是对社会不断认识的过程。在职业发展过程中,客观环境、自身的素质和技能、个人主观认知都在不断地发生变化,这些变化必定带来个人的职业需求和职业目标的变化。个人应根据评估的情况作出局部的微调整,使职业生涯规划更有利于自我发展。

　　第一,对职业生涯规划目标的评估与调整。根据评估的情况适时调整规划目标,使其更能符合自身成长发展规律。

　　第二,对职业生涯规划方向的评估与调整。当原来规划的职业方向前景随着社会环境的变化而变得不太明朗时,或者在我们找到了更适合自己的职业发展方向和选择时,我们就应当考虑对我们的职业发展方向进行调整。

　　第三,对职业生涯规划实施方法的评估与调整。如果发现自己的目标达成方法在实施过程中有难度或者阶段目标设置不合理,我们则需要相应地修改自己的职业生涯规划实施方法。

　　第四,对其他因素的评估与调整。其他因素指的是我们需要对诸如家庭情况、身体健康情况、意外突发事件等因素做出及时的评估,这些因素在一定程度上对我们的目标实现会产生影响。

二、评估的方法

　　想要对职业生涯规划进行客观理性的评估与调整,就需要采用科学的方法。在进行职业生涯评估时,需要找准突破口,找出自己最薄弱的环节,找出自身与现实的差距。只

有这样，调整才能有的放矢。常见的评估方法有对照反思法、交流反馈法、分析总结法、行动评判法。

（1）对照反思法。要善于思考和向他人学习，每个人都有自己不同的职业生涯规划方法，要善于吸取别人有用的方法，再对自己的职业生涯规划进行反思，取人之长，补己之短。

（2）交流反馈法。交流反馈评估方法又被称为 360 度反馈方法。在这套评估法中，评估者包括所有与被评估者有密切接触的人，如父母、老师、同学、朋友，其中，最重要的是需要做好同学和朋友之间的评估和自我剖析评估。

（3）分析总结法。对职业生涯分类别进行分析，可以从目标标准、生涯策略、行动计划、生涯考核、生涯修正等几个方面进行分析总结。

（4）行动评判法。对我们的实际行动进行评估。它包含三个概念：① 时间，确定自己行动计划的时间段和有效度量的时间段；② 行动，按计划要求，做打钩或涂黑确认；③ 结果，对行动的评估，可以是满意或不满意，也可以是具体结果或数字。

三、反馈与修正

对职业生涯规划的评估与反馈过程是个人对自己不断认识的过程，也是对社会不断认识的过程。大学生在进行职业生涯规划时或多或少都会存在一些问题，总结起来主要包括目标不明确、角色不平衡、适应有障碍、无法做决策、行动欠有效等。

（1）目标不明确是因为对自己不了解或者是对现实环境不了解。应对的方法是通过科学的测评进行科学定位，可以通过生涯人物访谈、网络搜集信息、朋辈交流反馈、企业实地访谈、社会实践等进行调研探索、感知环境变化。

（2）角色不平衡的原因往往在于不懂得取舍，不懂得根据事情的重要性选择投入精力的程度，实践中效率太低。应对的方法是学会取舍、提高效率，明确职业价值观，运用时间任务管理工具等。

（3）适应有障碍是指适应职业环境有困难。不是期待过高就是能力过低，定位不准。应对的方法是调整期待、提高能力。积极提高能力，如果无论怎样努力都无法达到要求就应适当降低期待。

（4）无法做决策是指在职业选择时无法做出结论性判断。导致决策力低的因素有信息不足，决策能力低下，认知有偏差。应对的方法是获取完整信息、提高决策能力、改变自身认知，多给自己创造一些决策的机会，并加强此方面训练。

（5）行动欠有效是指缺乏行动力或者行动缺乏有效性，主要原因是目标管理不合理和缺乏自我监测。应对的方法是目标要合理化，加强自我监测。

 案例分享 3 - 5 ···

成功调整规划的小徐

小徐专科毕业，专业是市场营销，今后想在大商城当经理。毕业后，商城没进成，去了快递公司，被安排在订单跟踪、客户服务的部门工作。这个部门最关键的是负责在网上跟进协调，处理异常订单，维护快递公司形象。可是小徐对物流业务不熟悉，计算机操作能力也一般,只能给别人打下手。

不服输的小徐,看到随着快递业务的扩展,关键岗位对人才的需要不断增加,他认为自己有市场营销的底子,愿意跟人打交道,只要熟悉业务流程,提高计算机水平,就一定能胜任关键岗位。于是小徐下定决心调整了方向,按新目标重新制订了发展措施。他上班时勤学苦练,下班后自己反思琢磨,还不断向前辈虚心求教。功夫不负有心人,他现在已经能独立承担起西南片区的快递业务,成为独当一面的地区客服经理。

第四节　撰写职业生涯规划书

郑某,男,贵州某职业学院大数据技术专业毕业。他毕业后一直在外打工,从事过销售、仓管、保安等工作,为帮助其实现稳定就业,当地公共就业服务机构的工作人员亲自协调,介绍并带领其到该市一家招商引资重点企业去应聘。该企业行政经理和人力资源部经理亲自面试并给出两条职业发展路径:一种是走专业技术道路,到研发部门任职;另一种是到企划部门,从事计划制订与分配管理工作。郑某表示考虑两天给予答复。一个月后,该企业人力资源经理反馈郑某一直未与其联系,后经过询问,才了解郑某已到另一座城市与同学创业,由于市场竞争激烈,生意举步维艰。

点评:郑某频繁更换工作,很难实现稳定就业,后与同学创业也是困难重重。郑某之所以面临如此困境,一个关键的因素就是没有认真做过职业生涯规划,职业发展存在很大的随意性。撰写职业生涯规划书是进行职业生涯规划的关键程序,有利于提升职业生涯规划的有效性和可行性。

一、制订职业生涯规划书的原则

制订职业生涯规划书应遵循的原则包括选你所爱、探己所适、做我所能、寻世所需。

(一) 选你所爱

选你所爱就是选择自己最喜欢的职业。兴趣是职业选择的起点,兴趣能给奋斗者带来智慧、毅力和勇气,兴趣引导人们从陡峭的小路攀登到事业的顶峰。在制订职业生涯规划书时,要将自己最喜欢、最热爱、最憧憬的职业规划在内,只有这样的职业才能激励自己不断琢磨、不断超越、追求卓越。

(二) 探己所适

探己所适就是探索最适合自己的职业。千人千面,每个人都是独一无二的。在进行职业规划时,要充分分析自己的性格特征,把握其变化规律,在此基础上指导自己择业、立业。

现实中,不少人因为没有选择适合自己的职业而倍感懊恼、沮丧,就如选择的鞋不合脚一样,个中滋味只有自己清楚。所以我们要选择适合自己脚的鞋子——选择适合自己性格的工作。

（三）做我所能

做我所能就是选择做自己最擅长的职业。随着科学技术的快速发展,职业分工越来越细,职业对人的要求也越来越高。手指有长短,能力有高低。在进行职业生涯规划时,我们只有充分了解自己的优势,选择能发挥自身优势能力的职业,才有望成就幸福的人生。如果选择错位,工作起来就会倍感吃力,难有成就感。

（四）寻世所需

寻世所需就是选择社会所需的职业。在做职业生涯规划时,不仅要全面认识了解自我,还要了解外部环境,要对职业生涯机会作出评估。对职业环境进行分析,就是要认清自己所选择的职业在大环境中的发展状况、技术含量、社会地位和未来的发展趋势等。职业与行业紧密相关,有的行业是夕阳行业,有的行业是朝阳行业,要关注国家政策对行业的影响。只有对职业环境做出科学评估,才能把握住适合自己的职业机会。

二、职业生涯规划书的基本内容

一般来讲职业生涯规划书包括封面、目录、引言、自我认知、职业认知、职业目标、目标实施方案、评估与备选方案、结束语等部分。

（1）封面的设计要简约大方,可以突出自己的专业特色和个人风格,最好附上姓名、联系方式、所在单位等基本信息。

（2）制作目录最好在职业生涯规划书完成后选择自动生成的方式,要注意目录层级和字体等细节,一般要有二级目录。

（3）引言的撰写力求简短优美,要写清楚为什么进行职业生涯规划。

（4）自我认知部分的撰写要把自我探索的过程以及结果用文字图表的方式展现出来,要总结自己的优势和劣势,最后要提出自己的理想职业。

（5）职业认知部分的撰写要把环境分析的过程以及结果用文字和图表的形式展现出来,特别要分析自己面临的机遇和挑战。

（6）职业目标的定位主要包括定行业、定职业、定岗位,同时要明确职业发展的具体路线。

（7）目标实施方案的撰写首先要把握计划制订的原则,如针对性、明确性和可行性,其次要制订具体的实施方案。

（8）评估与备选方案的撰写要明确评估时间、评估标准和评估内容,并拟订可行的备选方案。

三、职业生涯规划书的写作方法和技巧

一份高质量的职业生涯规划书应该思路清晰,步骤齐全,分析精准,目标明确,措施具体。在制订职业生涯规划书的具体过程中,我们可以从颜值高、品质好、匹配强三个方面去打磨。

（1）坚持图文并茂,打造高颜值的职业生涯规划书。一份完整的职业规划书名称要特点鲜明、耳目一新;职业分析部分要定位清晰、信息精准;目录部分要主次得当、易于辨识;主体部分要详略得当、逻辑严密;结束语部分言简意赅,凝练金句;参考文献要格式正确,书写

规范。在整体设计上要编辑得当,科学使用图表,使职业规划书可观性强、美观吸睛。

（2）坚持突出特点,打造品质好的职业生涯规划书。职业规划书体现的是自己的成长故事,要求故事性强,具有探索性,总体来讲读起来要有共情性,让更多的人感受到你成长的力量。职业生涯规划书一定是因人而异的,打造专属于自己的独特的职业规划。

（3）坚持人职匹配,打造匹配强的职业生涯规划书。撰写职业规划书的本质意义在于促进个体的成长与发展,它一定是具有个体性、匹配性的。世上没有完全一样的两个人,因此职业规划书也一定是独一无二的。只有与你的个性特征相吻合,与社会职业的需求高度匹配的职业规划书才是真正意义上的职业规划书。

四、职业生涯规划书的参考格式

大学生职业生涯规划书

姓名：_____
学校：_____
专业：_____
手机：_____

年   月   日

一、自我分析

职业兴趣 （喜欢做什么）		
职业性格 （适合做什么）		
职业能力 （能够做什么）		
职业价值观 （我希望做什么）		
胜任能力 （个人优劣势）		
个人经历	教育（培训）经历	
	工作（兼职）经历	

自我分析小结：

二、职业分析

家庭环境分析（如家庭经济状况、家人期望等对本人的影响）

学校环境分析（如学校特色、专业学习、实践经验等对本人的影响）

社会环境分析（如就业形势、就业政策、竞争对手等对本人的影响）

职业环境分析
1. 行业分析（如某行业的用人需求情况、发展情况）

2. 职业分析（如某岗位的工作内容及对员工的基本要求）

3. 地域分析（如某城市的工作发展前景、风土文化、气候特征）

职业分析小结：

三、职业定位
（一）个人职业发展内外部环境 SWOT 分析

	个人优势（S）	个人劣势（W）
内部环境分析		
	发展机会（O）	职业挑战（T）
外部环境分析		

（二）个人职业发展定位

个人职业目标	例：希望将来从事某职业
职业发展策略	例：希望进入某城市，某类型的组织（如政府、国企、私企）
职业发展路径	例：希望从事的工作类型、职位

四、职业规划实施

名称	短期计划（现在—大学毕业）
时间段	年　月—　　年　月
主要目标	
细分目标	
主要行动	
备注	
名称	中期计划（大学毕业—大学毕业 5 年）
时间段	年　月—　　年　月
主要目标	
细分目标	
主要行动	
备注	
名称	长期计划（大学毕业后 10 年及以上）
时间段	年　月—　　年　月
主要目标	
细分目标	
主要行动	
备注	

五、评估与调整

个人职业发展的备选方案

_____

_____

_____

_____

_____

_____

_____

_____

_____

六、职业生涯规划小结

_____

_____

_____

_____

_____

_____

_____

 课堂讨论

1. 你认为应如何进行职业生涯规划？

2. 撰写自己的职业生涯规划书。

第二篇

创 新 思 维

第四章　创新思维与创新精神

第一节　思维定式概述

 **案例导入**

　　美国科普作家阿西莫夫曾经讲过一个关于自己的故事。阿西莫夫从小就聪明，年轻时多次参加"智商测试"，得分总在 160 左右，属于"天赋极高者"，他一直为此而洋洋得意。有一次，他遇到一位汽车修理工，这个人是他的老熟人。修理工对阿西莫夫说："博士！我来考考你的智力，出一道思考题，看你能不能回答正确。"

　　阿西莫夫点头同意。修理工便开始说思考题："有一位既聋又哑的人，想买几根钉子，来到五金商店，对售货员做了这样一个手势：左手两个指头立在柜台上，右手握成拳头做出敲击状。售货员见状，先给他拿来一把锤子；聋哑人摇摇头，指了指立着的那两根指头。于是售货员就明白了，聋哑人想买的是钉子。聋哑人买好钉子，刚走出商店，接着进来一位盲人。这位盲人想买一把剪刀，请问：盲人将会怎样做？"阿西莫夫顺口答道："盲人肯定会这样。"说着，伸出食指和中指，做出剪刀的形状。汽车修理工一听笑了："哈哈，你答错了吧！盲人想买剪刀，只需要开口说'我买剪刀'就行了，干吗要做手势呀？"

　　点评：阿西莫夫的错误耐人寻味，人们在一定的环境中工作和生活，久而久之就会形成一种固定的思维模式，使人们习惯于从固定的角度来观察、思考事物，以固定的方式来接受事物。日久天长，养成习惯，思维就容易受到左右，形成思维定式。思维定式就像一把双刃剑，具有极其鲜明的两面性。

一、什么是思维定式

　　心理学认为，定式是心理活动的一种准备状态，是过去的感知影响当前的感知。

　　所谓思维定式，就是按照积累的思维活动经验教训和已有的思维规律，在反复使用中所形成的比较稳定的、定型化了思维路线、方式、程序、模式。在环境不变的条件下，定式使人能够应用已掌握的方法迅速解决问题，而在情境发生变化时，它则会妨碍人采用新的方法。

(一)思维定式的特征

1. 趋向性

思维者具有力求将各种各样问题情境归结为熟悉的问题情境的趋向,表现为思维空间的收缩,带有集中性思维的痕迹。如学习立体几何,应强调其解题的基本思路:即空间问题转化为平面问题。

2. 常规性

如学因式分解,必须掌握提取公因式法、十字相乘法、公式法、分组分解法等常规的方法。

3. 程序性

程序性是指解决问题的步骤要符合规范化要求。如几何证明题,怎样画图、怎样叙述,如何使用"因为、所以、那么、则、即、故"等符号,都要求清清楚楚、步步有据、格式合理,否则就乱套了。

(二)思维定式的形成

思维定式是一种很复杂的心理现象,思维定式形成的因素很多,其中主要有下列五类。

1. 世界观

世界观包括是坚持唯物主义还是唯心主义,形而上学还是辩证法,集体主义还是个人主义等。这是任何人都无法摆脱的主要精神因素,也是思维定式形成的基本依据。

2. 思维方式

这是一个国家、民族、地区在其文化传统的影响下所形成的具有群体性、社会性、遗传性的传统性思维习惯。

3. 知识、经验的种类、数量和结构

这主要包括受教育的程度、所学专业、从事的职业、工作时间的长短,工作中所取得的成就等。

4. 思维能力

这主要包括自己思维活动、经验教训的积累,所学习掌握的思维规律的知识等。

5. 心理因素

这主要包括心理期待、心理归纳和心理图式等。

(1)心理期待是指遇到一件事总是不由自主地往自己所希望、期待的方向去想。

(2)心理归纳是指人生来具备的一种总结经验教训的能力,从少数事例中概括出一般事例特征的归纳能力。

(3)心理图式是指人随着年龄的增长,逐渐形成一种看问题的模式,遇到问题总是先按照这个模式去套,解决不了时才迫不得已慢慢修改模式。

二、思维定式的作用

(一)思维定式的积极作用

思维定式对于问题解决具有极其重要的意义。在问题解决活动中,思维定式的作用是:根据面临的问题联想起已经解决的类似的问题,将新问题的特征与旧问题的特征进

行比较,抓住新旧问题的共同特征,将已有的知识和经验与当前问题情境建立联系,利用处理过类似的旧问题的知识和经验处理新问题,或把新问题转化成一个已解决的熟悉的问题,从而为新问题的解决做好积极的心理准备。具体地说,在问题解决中,思维定式主要包括以下三方面内容:

（1）定向解决问题总要有一个明确的方向和清晰的目标,否则,解决问题将会陷入盲目。定向是成功解决问题的前提。

（2）定向方法是实现目标的手段,广义的方法泛指一切用来解决问题的工具,也包括解题所用的知识。不同类型的问题总有相应的解决方法。定向方法能使我们对症下药,它是解决问题思维的核心。

（3）定式解决问题是一个有目的、有计划的活动,必须按步骤进行,并遵守规范化的要求。

思维定式是一种按常规处理问题的思维方式。它可以省去许多摸索、试探的步骤,缩短思考时间,提高效率。在日常生活中,思维定式可以帮助人们解决每天碰到的90%以上的问题。

（二）思维定式的消极作用

思维定式对问题解决既有积极的一面,也有消极的一面,它容易使我们产生思想上的惰性,养成一种呆板、机械、千篇一律的解题习惯。当新旧问题形似质异时,思维定式往往会使解题者步入误区。

大量事例表明,思维定式确实对问题解决具有较大的负面影响。当一个问题的条件发生质的变化时,思维定式会使解题者墨守成规,难以产生新思维、作出新决策,造成知识和经验的负迁移。

根据唯物辩证法观点,不同的事物之间既有相似性,又有差异性。思维定式所强调的是事物间的相似性和不变性。在问题解决中,它是一种"以不变应万变"的思维策略。所以,当新问题相对于旧问题,是其相似性起主导作用时,由旧问题的求解所形成的思维定式往往有助于新问题的解决。而当新问题相对于旧问题,是其差异性起主导作用时,由旧问题的求解所形成的思维定式则往往有碍于新问题的解决。

从思维过程的大脑皮层活动情况看,定式的影响是一种习惯性的神经联系,即前次的思维活动对后次的思维活动有指引性的影响。所以,当两次思维活动属于同类性质时,前次思维活动会对后次思维活动起正确的引导作用;当两次思维活动属于异类性质时,前次思维活动会对后次思维活动起错误的引导作用。

三、如何打破思维定式

（一）扩展创新思维视角

创新视角就是用不寻常的视角去观察寻常的事物,使得事物显示出某些不寻常的性质。所谓不寻常的性质,并非事物新产生的性质,而是一直存在于事物中,只不过以前未被人们发现罢了。有位曾获诺贝尔奖的物理学家说:所谓发明创造,就是观察到的事物与别人相同,构想出的事物与别人不同。

人一旦打破思维定式,从不同的角度去看待事物的现象,就会得出不同的答案。因此我们观察和思考外界的事物,不能总以自我为中心,用自己的目的、需要、态度、价值观、情感偏好、审美情趣等作为"标准尺度"去衡量外界的事物和观念。凡与自己这个"标准尺度"相符合的才是"对的""好的""美的",凡与自己这个"标准尺度"相违背的便是"错的""坏的""丑的"。这无疑会束缚人的思想观念。

思维中的"自我视角"会使眼界变狭窄,有碍创新思维。而"非我视角"却能超越"自我",不断地破除"自我",充分发挥思维主体的"视角转换功能",从他人的角度观察和思考问题,并能体谅和宽容与己相异的人、事、物,以开放的心灵接纳整个世界。

(二)激发创新思维潜能

创造性思维是高级的复杂的思维活动,但绝不是神秘莫测和高不可攀的,绝不是只有少数"天才"和科学家才具有的东西。它存在于创造活动中,是思维发展过程中比较新颖、独特的思维活动,其最显著的特征是突破性创新,即面对问题表现出一种思维突破。

(三)运用创新思维的方法与艺术

1. 质疑思维法

对每一种事物都提出疑问,对每一种现象都有适当的反应,这是许多新事物、新观念产生的开端,也是创新思维最基本的方法之一。

2. 发散思维法

创新思维最基本的方法之一是发散思维法。所谓发散思维,是指在思维过程中,根据问题提供的信息,不依常规,广开思路,寻求变异,从多方面探索答案的一种思维方式。

3. 直觉思维法

直觉是一个人对他所从事工作的一种自我判断性思维,是个人或集体实践经验的升华。直觉思维也可理解为直接得出思维结论的思维,在创新思维中占据重要位置。在某一创造性工作过程中,一般都是先从粗略的思索中寻找明智的思路,从模糊的印象出发导出清晰的思维,进而从含蓄趋于明朗,从紊乱归诸条理。

4. 调动潜意识思维法

调动潜意识思维法,就是根据人脑存有的大量潜意识功能及基本创造过程中的突破作用,有目的、有意识地运用显意识去冲击、刺激和诱导潜意识,实现突破创新,获得一举成功的一种思维方法与艺术。

(四)坚持创新思维训练与实践

1. 创设问题的情景

要培养创造性思维,可以通过安排学习情景,在学习活动中自己去领会或发现事物间的联系,学会主动、独立地去发现问题、分析问题和解决问题,培养创造性行为。

2. 提供丰富的表象和语言

无论是表象还是语言,都是信息,是知识,是思维的原料,只有原料丰富,才能更有效地进行思维活动。只有知识面广,思维的领域才会广阔。所以,训练思维,不能忽视知识。知识虽不能取代思维,却是思维训练中不可缺少的中介。

3. 发展思维形式

概念、判断、推理是抽象思维的形式。善于掌握概念,是发展思维形式的首要条件。

4. 遵循思维规律

思维活动是一个多层次的活动。正确的思维必须遵循思维规律,同时,思维训练的过程也必须遵循自身的规律。人的思维发展的总趋势是由具体思维发展到抽象思维,由动作思维发展到形象思维,由形象思维发展到辩证思维。

5. 掌握思维方法

思维的过程,实际上就是运用思维方法去认识客观现实的过程。训练思维应从训练思维方法入手,把分析、综合的方法,归类、比较的方法,抽象、概括的方法,归纳、演绎的方法,系统化、具体化的方法等综合加以运用,促进思维能力的快速发展。

小测试:

有这样一个问题:一位公安局局长在路边同一位老人谈话,这时跑过来一位小孩,急促地对公安局局长说:"你爸爸和我爸爸吵起来了!"老人问:"这孩子是你什么人?"公安局局长说:"是我儿子。"请你回答:这两个吵架的人和公安局局长是什么关系?

这一问题,在 100 名被试中只有两人答对。后来对一个三口之家问这个问题,父母没答对,孩子却很快答了出来:"局长是个女的,吵架的一个是局长的丈夫,即孩子的爸爸;另一个是局长的爸爸,即孩子的外公。"

为什么那么多成年人对如此简单的问题解答反而不如孩子呢? 这就是定式效应:按照成人的经验,公安局局长应该是男的,从男局长这个心理定式去推想,自然找不到答案;而小孩子没有这方面的经验,也就没有心理定式的限制,因而一下子就找到了正确答案。

四、思维定式的分类

思维定式一般与个体的世界观有着必然的内在联系。由于思维定式本身具有社会性、阶段性以及知识经验的局限性,在一定的历史时期成为指导人们个人行为方式的固有模式,因此,思维定式又分为书本定式、权威定式、从众定式、经验定式、传统定式、麻木定式六大类。

(一)书本定式

 案例分享 4-1 ～～～～～～～～～～～～～～～～～

一次,正在研制电灯泡的爱迪生想知道灯泡的体积,便让从大学数学系毕业的助手阿普拉去测量。阿普拉又是量直径,又是量周长,然后列出公式进行计算。由于灯泡不是球形,计算起来十分复杂,算了密密麻麻几张纸,仍没有结果。

过了几个小时,爱迪生催问结果,阿普拉还没有算好。爱迪生一看,算的太复杂了,便拿起灯泡,沉在水里,让灯泡中灌满了水,然后把灯泡中的水咕嘟咕嘟地倒在量筒中,看完量杯的读数,便轻而易举地算出了灯泡的体积。阿普拉的学历不可谓不高,可在碰到测量灯泡体积这一并未超过他本专业范围的问题时却绞尽脑汁也算不出。所谓书本定式,就是在思考问题时不顾实际情况,不加思考地盲目运用书本知识,一切从书本出发,以书本为纲的一种思维模式。

曾经有人想考考爱因斯坦,他问爱因斯坦:"声音在空气中的速度是多少?"爱因斯坦则告诉他:"现在我不知道,找一本书看看就知道了。不过为什么要记它呢? 随便在哪一本物理参考书,都能找到这个数字。我永远不会去记在任何一本手册中都可能读到的东西。我的记忆力是用来记忆书本上没有的东西的。"这是爱因斯坦对那些以能记住多少知识来衡量一个人知识水平的极大讥讽。爱因斯坦认为,一个人应该用头脑来想象和思考更重要的东西。他说:"想象力比知识更重要,因为知识是有限的,而想象力概括了世界上的一切,推动着进步,并且是知识进化的源泉。"对爱因斯坦来说,一个聪明的人应该学会如何把记忆交付给书本、词典和百科全书,而不是把自己塑造成一本词典。

20世纪50年代,美军某科研部门研制一种高频放大管。一查资料:如果采用玻璃管,高频放大的极限频率是25个计算单位。这就把科研人员难住了,还能不能使用玻璃管呢? 为书本所困,很长时间没有进展。后来管理部门换了一批新研究员,并且指示他们,不许查阅有关资料,大胆地干,终于研制成功了频率达到1 000个计算单位的高频放大管。

点评:从上述案例中,我们可以知道,书本知识对人类所起的积极作用是显而易见的,但是,许多书本知识是有时效性的,随着社会的发展,有些书本知识会过时,知识是要更新的,所以当书本知识与客观事实之间出现差异时,书本知识就有可能成为思维障碍,使人失去获得重大新成果的机会。

书本定式是指盲目崇拜书本知识,把书本知识当作框架,束缚自己的思考,而看不到书本知识与现实世界之间的巨大反差。破除书本定式的基本方法:

(1) 正确认识现有科学技术、文学艺术等书本知识,这些都只是相对真理,而不是绝对真理,都只是人类认识发展到一定阶段的产物,都有时代的局限性。

(2) 任何科学定理、定律都是一般原理,都必须与具体实践相结合,具体问题具体分析,把实践当成检验真理的唯一标准。

(3) 对于专业知识既要学习、理解,又要从中跳出来,站在一个更高的层次看清其在现代科学技术体系中所处的地位与作用,避免片面性。

(4) 对任何问题,都应该了解相关它的各种知识,以便通过比较进行鉴别。

(二) 权威定式

 案例分享 4-2

伯 乐 赞 马

有人牵了一匹马到集市上去卖,可过了好几个早晨,连一个问价的都没有。有一天伯乐来到集市上,朝这匹马看了几眼,在马颈上拍了两下,赞叹道:"好马,好马!"于是人们纷纷抢购,马的价格一下子抬高了10倍还多。

点评:在思维领域,不少人习惯引证权威的观点,不假思索地以权威的是非为是非,一旦发现与权威相违背的观点,就认为是错误的,这就是权威定式。事实上权威也是会犯错误的。大发明家爱迪生曾经极力反对交流电,许多科学家都曾预言飞机是不能上天的。

我们的思维中经常会有意无意地遵从权威人士的想法,不少人习惯于引证权威的观点,不加思考地认为权威的言论、看法就是真理,一旦发现与权威相违背的观点或理论,便想当然地认为必错无疑,这就是我们思维的另一误区——权威定式。破除权威定式的基本方法:

(1)正确区分权威与权威定式,权威是人类社会不可缺少的,但权威定式却是要不得的,破除权威定式,并不是否定权威。

(2)要明确和坚持:任何权威都只是相对的,都只是一定领域、一定阶段的权威,根本没有适用于一切时间、空间的绝对权威。

(3)权威是自然形成的,不是人为树立的;靠人为树立的权威都不是真正的权威。

(4)认真坚持"实践是检验真理的唯一标准"。

(三)从众定式

 案例分享 4 - 3 ----------------------------

乌鸦喝水新篇

我们从小就知道乌鸦喝水的故事,讲的是乌鸦为了喝到瓶子里的水,用嘴把小石子放到瓶子里,使没装满水的瓶子里的水位得到提升,喝到了水。大家都夸乌鸦聪明。几年后,老乌鸦的后代,三只小乌鸦之间进行了一场新乌鸦喝水竞赛。第一只小乌鸦得到了老乌鸦的嫡传,采用被大家公认为好的办法,到处去找小石子,用数量多的小石子来提升水位,水是喝到了,就是有点儿费时费力。在场的观众都叫好,说还是老办法好。第二只小乌鸦善于观察,看了看瓶子放的倾斜角度,在瓶子的基底处用嘴凿了凿,然后把瓶子推了推,产生一个倾斜角,水就流出来了一些,也喝到了水,要比第一只快一些。这时,台下的观众开始七嘴八舌地议论起来了,说这是什么办法呀,不算数。就在大家议论的时候,第三只小乌鸦心想我得动点儿脑筋,要是仿照前两只小乌鸦的做法最多和他们打个平手,灵感一闪,衔了个麦秆,直接放到瓶子里,吸着喝,结果最快。此时,台下大多数观众都说这是违规,应该判第一只赢。但也有的说比赛就是看谁最先喝到水,谁就赢。最后,老乌鸦颇为感慨:真是长江后浪推前浪,一代更比一代强,想当初自己不也是打破常规才被大家表扬的嘛,遂判第三只赢。

点评:其实,并不是大家都说好的办法是最佳的办法。第二、第三只小乌鸦打破从众定式和老乌鸦敢于承认新成果的勇气都值得我们肯定。如果在处理和决断事情时,缺乏独立思考的能力,没有或不敢坚持主见,仅仅是服从众人,最终形成的是惰性和盲从性。

从众定式的根源在于,人是一种群居性的动物,为了维持群体生活,每个人都必须在行动上奉行"个人服从群体,少数服从多数"的准则;然而这个准则不久便会成为普遍的思维原则,进而成为"从众定式"。从众定式使得个人有归属感和安全感,以众人之是非为是非,人云亦云随大流,即使错了,也无须独自承担责任。人们大部分的行为选择其实都是从众的结果,而很少经过自己独立的深思熟虑。破除从众定式的基本方法:

（1）培养个体的独立思考能力与创造性,敢于质疑,鼓励质疑,敢于保持自我见解的独立性。

（2）相信真理有时是由少数人掌握的,时刻保持清醒的头脑,不人云亦云。

（四）经验定式

 案例分享 4－4

特殊训练的跳蚤

在一个没有盖的器皿中,几只跳蚤一起蹦跳着,每一只每一次都跳同样的高度,人们根本不用担心它们会跳出器皿。为什么这些跳蚤会把蹦跳的高度控制得如此一致呢?

原来这是特殊训练的结果。跳蚤的训练场是一个比表演场地稍低一点的器皿,上面盖了一块玻璃。开始这些跳蚤都拼命地想跳出器皿,奋力地跳,结果总是撞到玻璃上,这样经过一段时间后,即使拿掉玻璃盖板,跳蚤也不会跳出去了,因为过去的经历已经使跳蚤的头脑中产生了经验定式。

点评:通过长时间的实践活动所积累的经验,是值得重视和借鉴的。但是,经验只是人们在实践活动中取得的感性认识,并未充分反映出事物发展的本质和规律。人们受经验定式的束缚,就会墨守成规,失去创新能力。

经验定式是理解、处理问题时往往不由自主地按照以往经验去做的思维习惯。破除经验定式的基本方法:

（1）要提高对经验定式的认识,把经验与经验定式区分开来。

（2）要认真深入研究古今中外因为经验定式的禁锢而影响创新思维的典型案例,逐渐认清机理、规律,从而提高认识和警惕,并为破除经验定式的束缚积累必要的资料和经验教训。

第二节　创新思维概述

 案 例 导 入

抱娃热销之谜

韩国的一家公司曾生产了一种叫"抱娃"的黑皮肤玩具,在百货商场里销售。这家公司为了宣传这种玩具,还刊登了广告。可是这种玩具的销路一直不好,几乎无人问津。百货商场让这家公司拿回去。无奈,这家公司只得把"抱娃"取了回来,堆放在仓库里。这家公司的销售经理是一位肯动脑筋的年轻人。他注意到,百货商场里女模特模型有一双雪白的手臂。他想:假如把这种黑色的"抱娃"放在女模特模型雪白

的手腕上,那真是黑白分明。有了这种鲜明的对比,说不定顾客会喜欢"抱娃"呢。于是,这家公司决定试一试。这家公司费尽了口舌,终于说服了百货商场同意让女模特模型手持抱挂。这一招果然奏效。凡是从女模特模型前走过的女孩都会情不自禁地打听:"这个'抱娃'真好看,哪儿有卖?"原来无人问津的"抱娃",一时间成了抢手的热门货。后来,这家公司又想出了一个办法:他们请了几位白皮肤的女士,身着夏装,手中各拿一个"抱娃",在繁华的街道上"招摇过市",一下子吸引了大量过往行人的注意,连新闻记者也纷纷前来采访。第二天,报纸上竞相刊登出有关抱娃的照片和报道。没想到,这一成功的推销竟然掀起了一股"抱娃"热。

点评: 创新既是一个宏观的社会实践过程,又是一个微观的心理反应过程,如果没有正确的原理指导、原则规范和过程提示,创新活动有可能陷入毫无头绪的境地。

一、创新

创新是指为了满足发展的需要,人类通过不断拓展对客观世界以及自我的认知,从而产生具有价值的新想法、新做法、新事物的实践活动。换言之,创新是指个体为了达到一定的目标,遵循事物发展的客观规律,积极调动已有知识、已知信息、开展创新思维对客观事物的整体或部分进行变革,从而使其得以迭代与发展的实践活动。

(一)创新的原则

创新原则是指开展创新活动所依据的指向性法则以及对创新构思进行评价所凭借的依据。

1. 科学原理原则

创新不得违反科学规律,在进行创新构思时,要注意以下几点:首先,应进行科学原理相容性检查。与线性的科学原理是否相容,是判断创新设想是否具有生命力的根本标准。其次,必须进行创新技术方法的可行性检查。要判断实施创新创业技术所需要的条件是否超过现有的科学技术水平,判断这种创新技术在目前是可以用于实践的或只是一种空想,以及创新方法的可行性范围。最后,检验创新技术的功能体系是否符合现有的价值观。创新设想是否具有可以推广应用的价值,因此,还必须对其合理性进行检查。

2. 相对较优原则

创新不可盲目追求最优、最佳、最美、最先进。许多创新设想都各有千秋,这时,就需要按相对较优的原则,对设想进行判断选择。首先,可从创新技术先进性上进行比较,看谁相对领先、谁的发展潜力更强;其次,从创新经济合理性上进行比较,看谁相对合理、谁的性价比更高;最后,从创新整体效果性上进行比较,看谁相对更为全面、效果更好,谁的普及面更广。

3. 构思独特原则

这是创新原则中最为重要的参考依据,兵法中一直强调"出奇制胜",所谓"出奇",就是"思维超常"和"构思独特",创新贵在独特,创新也需要独特。在创新活动中,往往需要从创新构思的新颖性、开创性和独特性等角度进行系统的检查和思考。

4. 机理简单原则

在现有科学水平和技术条件下,如不对实现创新的方式和手段的复杂性进行限制,那为了实现目标所付出的现实代价可能远远超出合理程度,使得创新的设想或结果变得毫无使用价值。因此,在创新的过程中,要从新事物所依据的原理是否重叠、超出应有范围;所拥有的结构是否复杂、超出应有程度;所具备的功能是否冗余、超出使用范围等方面进行检查,要求始终贯彻机理简单的原则。

5. 不轻易否定,不简单比较原则

不轻易否定、不简单比较原则是指在分析评判各种产品创新方案时应注意避免轻易否定的倾向。在飞机发明之前,科学界曾从"理论"上进行了否定的论证;过去也曾有权威人士断言,无线电波不可能沿着地球曲面传播,无法成为通信手段。显然,这些结论都是错误的,这些不恰当的否定之所以出现,是因为人们运用了错误的"理论",有时也会由于人们的主观武断,限制了某项发明的诞生。

(二)创新的类型

创新并非少数天才的专利,一个纪律严明的团队,再加上有效的系统方法,就能很好地实施创新。德布林咨询公司在研究了近 2 000 个最佳创新案例后,发现历史上所有伟大的创新都是十种基本创新类型的组合,并由此开发出"创新的十种类型"框架,引领企业向更有序、更可靠的创新迈进了一大步。

1. 赢利模式创新

赢利模式创新指的是企业寻找全新的方式将产品和其他有价值的资源转变为利润。这种创新常常会促使一个行业重新对关于生产什么产品、确定怎样的价格、如何实现收入等问题进行重新思考。溢价和竞拍是赢利模式创新的典型例子。

2. 网络创新

在当今高度发达的互联网世界里,没有哪家企业能够独自完成所有事情。网络创新让企业可以充分利用其他企业的流程、技术、产品、渠道和品牌。众筹或众包等开放式的创新方式是网络创新的典型例子。

3. 结构创新

结构创新是通过采用独特的方式组织企业的资产(包括硬件、人力或无形资产)来创造价值。它可能涉及从人才管理系统到重型固定设备配置等方方面面。结构创新的例子包括建立激励机制,鼓励员工朝某个特定目标努力,实现资产标准化,从而降低企业运营成本和复杂性,甚至可以创建企业大学以为其持续地提供符合企业实际需求的培训。

4. 流程创新

流程创新主要涉及企业主要产品或服务的各项生产活动和运营。这类创新需要彻底改变企业以往的业务经营方式,使得企业具备独特的运营能力,能迅速适应新环境,并获得领先于市场同类企业的利润率。流程创新常常可以构成一个企业的核心竞争力。

5. 产品性能创新

产品性能创新指的是企业在产品或服务的价值、特性和质量等方面进行的创新。这类创新既涉及全新的产品,也包括能带来巨大增值的产品迭代升级和产品线延伸。产品性能创新常常是竞争对手最容易效仿的一类。

6. 产品系统创新

产品系统创新是将单个产品和服务联系或捆绑起来创造出一个可扩展的强大系统。产品系统创新可以帮助你建立一个能够吸引并取悦顾客的生态环境,通过这个产品系统的创新实现企业的独特的竞争力以抵御竞争者的侵袭。

7. 服务创新

服务创新保证并提高了产品的功用、性能和价值。它能使企业的产品更容易被顾客全面的认识和感知;通过如试用等方式的服务创新,为顾客展现了他们可能会忽视的产品特性和功用,也能够解决顾客遇到的问题并弥补顾客在产品体验中的不愉快。

8. 渠道创新

渠道创新包含了将产品与目标消费者联系在一起的所有手段。虽然电子商务在近年来成为主导力量,但如实体店等传统渠道的存在和维护还是重要的,特别是在为目标消费者创造身临其境的感官体验方面。这方面的创新老手常常可以发掘出多种互补的方式将他们的产品和服务呈现给顾客。

9. 品牌创新

品牌创新有助于保证顾客和用户能够识别、记住你的产品,并在面对你和竞争对手的产品或替代品时选择你的产品。好的品牌创新能够通过品牌提炼和传递出一种"承诺",以此来吸引目标消费者并传递给目标消费者一种与众不同的身份感。

10. 顾客契合创新

顾客契合创新是要理解顾客和用户的深层愿望,并利用这些了解来发展顾客与企业之间富有意义的联系。顾客契合创新开辟了广阔的探索空间,进而帮助人们找到合适的方式来把自己生活的一部分变得更加难忘、富有成效并充满喜悦。

对于现行市场经济条件下的企业而言,只选择上述一两种创新类型的简单创新方式不足以让企业获得持久的成功,尤其是单纯的产品性能创新如产品的迭代等,这类创新很容易被市场上的其他企业模仿,进而被超越。企业只有结合自身实际,综合应用上述的多种创新类型,才能打造可持续的竞争优势。

 案例分享 4-5 ━━━━━━━━━━━━━━━━━━━━━━━━━━━━━

旱冰鞋的产生

英国有个叫吉姆的小职员,成天坐在办公室里抄写东西,常常累得腰酸背痛。他消除疲劳的最好办法,就是在工作之余去滑冰。冬季很容易在室外找个滑冰的地方,而在其他季节,吉姆就没有机会滑冰了。怎样才能在其他季节也能像冬季那样滑冰呢?对滑冰情有独钟的吉姆一直在思考这个问题。想来想去,他想到了脚上穿的鞋和能滑行的轮子。吉姆在脑海里把这两样东西的形象组合在一起,想象出了一种"能滑行的鞋"。经过反复设计和试验,他终于制成了四季都能用的"旱冰鞋"。组合想象思考法就是指从头脑中某些客观存在的事物形象中,分别抽出它们的一些组成部分或因素,根据需要作一定改变后,再将这些抽取出的部分或因素,构成具有不同的结构、性质、功能与特征的能独立存在的特定事物形象。

二、创新思维

创新思维是指以新颖独创的方法解决问题的思维过程,通过这种思维能突破常规思维的界限,以超常规甚至反常规的方法、视角去思考问题,提出与众不同的解决方案,从而产生新颖的、独到的、有社会意义的思维成果。

(一)创新思维的意义

首先,创新思维促使知识融会贯通,优化知识组合。创新思维促使人们了解更多领域的知识,使人们在不断的思考和学习中,达到知识的融会贯通和优化组合。

其次,创新思维促使企业自主创新,培养国际品牌。中国的民族品牌的树立,需要依靠自主创新。产品没有创新就没有市场,企业没有创新就难以维持发展,管理没有创新就会使企业缺乏竞争力。因此创新思维对于企业而言,尤其重要。中国的强大,离不开民族企业的发展,民族性国际品牌的树立,是一个国家综合国力、经济实力的体现。民族品牌的塑造,企业的文化创新、研发创新、管理模式创新等,都离不开创新思维的支持。

再次,创新思维能解放想象力,促进教育体制的完善发展。随着社会的发展,创新作用越来越显示出巨大的作用。创新思维的教育能促进人们的多方面能力的发展,促使人们的主观能动性得以发挥,想象力得到激发。而想象力的延伸和发展,就是创新思维的源泉。

最后,创新思维能促进社会重视创意产业发展。当今很多行业都需要创新思维,比如创意产业等这些行业门类,几乎完全需要依靠想象力和创造力才能获得发展。而是否具有创造力、创意能力,就显得尤为重要。

(二)创新思维的特点

1. 对传统的突破性

创造性思维的结果体现为创新。追求创新,是创造性思维的本质。而要创造出新成果,往往需要创造者实现在思维的某些方面的突破,可以说,突破性是创造性思维一个最明显的特征。

(1)突破性体现为创造者突破原有的思维框架。这是指在思考问题时,要有意识地抛开头脑中以往思考类似问题所形成的固定化的思维程序和模式,排除以往的思维程序和模式对寻求新的设想的束缚,从而取得意想不到的创造性的成功。

(2)突破性还体现为突破已有的思维定式。俗话说"习惯成自然",特别是思维上的习惯一旦形成,就让你不知不觉地按照已形成的思维定式去思考问题。

(3)突破性也体现在超越人类既存的物质文明和精神文明成果上。从超越既存的物质文明成果看,产品的更新换代,就是科技研发人员从思维上敢于去超越原产品的结果。

从现存的超越既存成果的精神文明成果看,爱因斯坦突破了牛顿经典力学的静态宇宙观去思考而创立了"狭义相对论",就属于对既存精神文明成果的突破。

2. 思路上的新颖性

创新的本质是求异、求新,寻找前所未有的特征。思维结论超越了原有的思维框架,具有独到之处,更新知识和理念,发现新原理、新规律,对改变人类的生活方式和促进社会进步起着重要的作用。

3. 程序上的非逻辑性

这是指创造性思维往往是在超出常规的逻辑思维,出人意料地违反常态的情形下出现的。虽然看似不严密或暂时说不出什么道理,但创造性思维的产生常常具有跳跃性,省略了逻辑推理的中间环节。

4. 视角上的灵活性

创新思维表现为视角上能随着条件的变化而转变;能摆脱思维定式的消极影响;善于变换视角从不同角度看待同一问题,善于变通与转化,重新解释信息。它反对一成不变的教条,提倡根据不同的对象和条件,具体情况具体对待,灵活运用各种思维方式。

5. 内容上的综合性

创新活动是在前人思维成果的基础上进行的,必须综合利用他人的思维成果。科学技术发展史一再证明,谁能高度综合利用前人的思维成果,谁就能取胜,就能取得更大的突破,做出更多的贡献。在技术领域通过综合前人的创新思维结出的硕果,随处可见。

第三节 创新思维训练

一、创新思维类型

(一)互联网思维

互联网思维,就是在"移动互联网＋"、大数据、云计算等科技不断发展的背景下,对市场、用户、产品、企业价值链乃至对整个商业生态进行重新审视的思考方式。互联网时代的思考方式,不局限在互联网产品、互联网企业。这里说的互联网,不单指桌面互联网或者移动互联网,还包括泛互联网,因为未来的网络形态一定是跨越各种终端设备的,如台式机、笔记本、平板、手机、手表、眼镜。互联网思维是降低维度,让互联网产业主动去融合实体产业的思维方式。

1. 用户思维

用户思维,是互联网思维的核心,是指在价值链各个环节中都要"以用户为中心"去考虑问题。在互联网蓬勃发展的今天,用户思维格外重要。因为互联网消除了信息不对称,使得消费者掌握了更多的产品价格品牌方面的信息,互联网的存在使市场竞争更为充分,市场由厂商主导转变为消费者主导,消费者主权时代真正到来。作为生产商,必须从市场定位、产品研发、生产销售乃至售后服务整个价值链的各个环节,建立起"以用户为中心"

的企业文化,不能只是了解用户,而是要深度理解用户才能生存。

2. 简约思维

简约思维,是指在产品规划和品牌定位上,力求专注简单;在产品设计上,力求简洁简约。在互联网时代,信息爆炸,消费者的选择很多,选择时间太短,用户的耐心越来越不足,转移成本也大大降低。线下转移需要从一家门店出来再进入下一家,线上转移则只需要点击一下鼠标,转移成本几乎为零。简约就是专注,少就是多,简约就是美,要学会时常做减法。

3. 极致思维

极致思维就是把产品和服务做到极致,把用户体验做到极致,超越用户预期,互联网时代的竞争只有第一没有第二,只有做到极致,才能够真正赢得消费者,赢得人心。极致思维要求企业打造让用户尖叫的产品。同时,服务也是一种营销,除了产品本身,服务及其他产品周边的体验,也同等重要。在服务环节,也要做到极致。

4. 大数据思维

大数据思维是对企业资产、核心竞争力的理解。通过数据挖掘与分析提高企业的核心竞争力,数据就是资源,提炼出信息就是商业价值所在。最早提出大数据时代到来的是全球知名咨询企业麦肯锡。麦肯锡称:"人们对于海量数据的挖掘和运用,预示着新一波生产率增长和消费者盈余浪潮的到来。"

5. 迭代思维

迭代思维是指由于互联网变化太快,没有太多时间来让人做计划、做调查,企业要实时地关注消费者需求,根据消费者需求的变化进行微创新,小处着眼,小步快跑,快速迭代。"微",就是要从细微的用户需求入手,贴近用户心理,在用户参与和反馈中逐步改进。精益创业,快速迭代。只有快速地对消费者需求做出反应,产品才更容易贴近消费者。

6. 微创新思维

这点是互联网思维的精髓,用某知名企业家的一句话来诠释,就是:"从用户体验的角度,不断地去做各种微小的改进。可能微小的改进一夜之间没有效果,但是你坚持做,每天都改善 1%,甚至 0.1%,一个季度下来,改善就很大。"

7. 免费思维

传统商家的"免费"往往会让消费者觉得"羊毛出在羊身上",而互联网时代的"免费",能将"免费"变为"入口",将"入口"变成"现金",这就是互联网时代"靠免费赚钱"的秘诀。

8. 跨界思维

当互联网跨界到实体生意时,就有了天猫、京东;当互联网跨界到炒货店时,就有了"三只松鼠"……因为跨界思维,在未来所有的企业都将是互联网企业。

(二)平台思维

平台思维是对商业模式、组织模式的理解。互联网的平台思维就是开放共享、共赢的思维。平台模式的精髓,在于打造一个多主体共赢互利的生态圈。将来的平台之争,一定是生态圈之间的竞争。当企业不具备构建生态型平台实力的时候,那就要思考怎样利用现有的平台,让企业成为员工的平台,在企业内部打造"平台型"组织。

案例分享 4-6

互联网模式下的"三只松鼠"

对于广大"吃货"而言,也许对"三只松鼠"的认知还停留在小零食的阶段,然而你不知道的是,这个小零食公司如今一年已创下了数十亿元的营收,成为不折不扣的坚果类食品行业的龙头老大。

那么,"三只松鼠"作为中国第一家定位于纯互联网食品品牌的企业,从当初一个小品牌发展成为如今中国销售规模最大的食品电商企业,背后又有怎样的故事? 从横空出世,到一跃成为电商系列全网销售领先品牌,现在又开创新零售之路,它为何又能在众多经典品牌下突出重围,究竟是什么给予这个品牌越来越强的生命力呢?

"三只松鼠"成立于 2012 年,是中国首批定位于纯互联网食品品牌的企业。早在创立之初,"三只松鼠"就受到了资本的青睐,完成了总额达 750 万美元的两轮融资。

在品牌的发展模式上,"三只松鼠"以互联网为依托,利用 B2C 平台进行线上销售,迅速开创了一个以食品产品快速、新鲜的新型食品零售模式。这种特有的商业模式缩短了商家与客户的距离,确保带给顾客新鲜、美味的食品。同时,"三只松鼠"的线上销售模式开创了食品线上销售的先河,在这种独特的销售模式下,2012 年"双十一"当天,"三只松鼠"销售额在电商坚果领域一跃成为坚果行业第一,这在中国电商发展史上简直就是一个奇迹。

在市场开发方面,依托强大的互联网平台,"三只松鼠"在消费者定位上抢占了市场先机。当时的"80""90"后年轻消费群体已经渐渐从热爱瓜子等休闲食品转变为热爱坚果类产品,而坚果又是一个相对来说门槛比较低的初加工产品,只要你愿意,都可以加入这个行业,但是如果要把坚果做成品牌化,就没有那么简单了。于是,"三只松鼠"抓住互联网机遇,在前端营销上下了很大功夫,采用直接、低价的方式,去赚人气,赚口碑,使得消费者很容易接触并接受这个品牌。后期针对新顾客打低价、老顾客看品牌,采用品牌效应、利用情感营销再慢慢回本。

在品牌形象方面,采用了萌态十足的松鼠作为品牌的 logo,在和顾客沟通时,借用松鼠可爱的口吻来热情地为顾客服务,简直毫无违和感,并且十分接地气,深受顾客喜爱。品牌定位方面,"三只松鼠"也十分创新,凭借"森林系""慢食快活"等宣传语,深得消费者的心。同时落实在细节的人性化服务,大大超过了顾客的预期。

在最关键的产品环节,"三只松鼠"有三个"非不选",即非原产地不选、非好营养不选、非好口感不选。确保质量上乘,给顾客带来健康天然新鲜的真正好食品。正是经过创始人以及团队成员不断的努力,"三只松鼠"才有了今天的成绩。

(三) 发散思维

发散思维又称辐射思维、放射思维、扩散思维或求异思维,是指大脑在思考时呈现的一种扩散状态的思维模式。它表现为思维视野广阔,思维呈现出多维发散状,如"一题多解""一事多写""一物多用"等方式,培养发散思维能力。不少心理学家认为,发散思维是创造性思维的最主要的特点,是测定创造力的主要标志之一。

发散思维的训练要注意思维的三个度：流畅、灵活和新颖。流畅是指一定时间内产生观念的多少；灵活是指能产生不同类别属性的观念；新颖是指思维新奇独特的量度。

（四）立体思维

立体思维也称多元思维、全方位思维、整体思维、空间思维或多维型思维，是指跳出点、线、面的限制，能从上下左右、四面八方去思考问题的思维方式，也就是要"立起来思考"。建立立体思维要做到以下几点。

1. 定位和明确目标

明确目标是指我们做一件事情时，想达到的目的是什么，没有目标就像没有舵的船，不知道往哪里走。明确目标是很重要的。

2. 建立逻辑网

建立逻辑网是指要先考虑完成这个目标可能用到的方法，然后把一些没有用的、无效的方法去掉，再考虑还有哪些是自己没有想到、没有考虑到的，留下自己可以完成的、有效的方法。

3. 实践

定位和逻辑网定下来了，接着我们就要去实践了。实践中时间管理和收集信息都是很重要的，这些有利于我们解决和处理问题。

（1）时间管理。时间管理是要我们有效地管理时间，用尽量少的时间去做尽量多的事情，可以大大提升我们的效率。

（2）收集信息。去实践的时候我们是不是无从下手，不知道怎么做？这就需要去收集信息。这里有一个很好的方法，多问为什么。

（五）逆向思维

逆向思维，也称求异思维，它是对司空见惯的似乎已成定论的事物或观点反过来思考的一种思维方式。敢于"反其道而思之"，让思维向对立面的方向发展，从问题的相反面深入地进行探索，树立新思想，创立新形象。

 案例分享 4-7

穆迪的故事

穆迪是一位退休老人，住在公园附近一间简陋的房子里，最近有三个小孩天天在附近路边爬树、踢球玩，声音很大。老人受不了这些噪声，出去跟三个小孩聊天。

"你们玩得真开心，"他说，"我喜欢看你们玩得这样高兴，如果你们每天都来这里玩，我将给你们每人1美元。"三个小孩很高兴，每天更加卖力地表演。不料三天后。老人忧虑地说："由于通货膨胀减少了我的收入，从明天起，我只能给你们每人5美分了。"三个小孩显得不大开心，但还是接受了老人的条件，每天继续"工作"。

一周后，老人又对他们说："对不起，由于我最近没有收到养老金支票，所以每天只能给你们1美分了。""1美分？我们才不会为了区区1美分而浪费时间在这里表演呢，不干了！"

从此以后，老人过上了安静的日子。

从形式上进行分类,逆向思维可分为六类,即结构逆向、功能逆向、状态逆向、原理逆向、序位逆向和方法逆向。

(1)结构逆向。结构逆向就是从已有事物的结构形式出发所进行的逆向思维,通过结构位置的颠倒、置换等技巧,使该事物产生新的性能。

(2)功能逆向。功能逆向是指从原有事物的功能上进行逆向思维,以寻求解决问题的方法或获得新的创造发明的一种思维方法。

比如森田疗法的创始人森田正马,小时候受到了父亲的严格管教,长期精神紧张、神经衰弱,又有脚气等多种病症,在大学时甚至发展到要自杀的程度。在"忍无可忍"之时,森田正马索性放弃一切治疗,对所有的病症都听之任之,全身心地投入学业中去,结果这些"病症"奇迹般地全好了。这个与常规治疗思路反着来的经历,启发森田正马发现了"放弃治疗的心态"对神经质的治疗作用,开创了影响世界的森田疗法。

(3)状态逆向。状态逆向是指人们根据事物某一状态的反面来认识这一事物,从中找到解决问题的办法的一种思维方法。例如,过去木匠用锯和刨来加工木料,都是木料不动而工具动,实际上是人在动,因此不但人的体力消耗大,质量还得不到保证。为了改变这种状况,人们将工作状态反过来,让工具不动而木料动,设计发明了电锯和电刨,从而大大提高了效率和工艺水平,减轻了劳动强度。

(4)原理逆向。原理逆向是指从相反的方面或相反的途径对原理及其运用进行思考的一种思维方法。1800年,意大利物理学家伏特发明了伏特电池,第一次将化学能转换成电能。英国化学家戴维想既然化学能可以转换成电能,那么,电能是否也可以转化为化学能呢?戴维由化学能转换为电能进行反向探索,试验成功了电解化学,并接连发现了七种元素,这就是运用原理逆向思维的典型案例。

(5)序位逆向。序位是指顺序和方位,顺序又指时序或程序,方位又指方向和位置。序位逆向是指对事物的顺序和方位进行逆向变动,以产生新的、更好的思维效果。1877年,爱迪生在实验改进电话时发现,传话器里的振动膜随着说话的声音会产生相应的颤动。爱迪生想:那么反过来,同样的振动能不能转化为原来的声音呢?结果按这种想法,爱迪生又获得了一项重大发明——留声机。

(6)方法逆向。方法逆向是指在解决问题时,采用与惯用方法截然相反的方法思维。在意大利,有一个餐馆别出心裁地想出一个由顾客自定价格的经营方式。店主将餐馆经营的菜肴点心、饮料等分别规定五种价格,由顾客自己定价付款。结果据老板介绍,大部分顾客都付二等价格。因为去就餐的顾客,认为自定价格偏低,有失体面。只有当顾客对餐馆的菜肴感到不合口味、或质量不好时,才赌气付三等价格。老板认为,让顾客自定价格,一方面可招徕顾客,另一方面顾客付款情况可以反馈餐馆的服务质量,有利于改进经营,提高菜肴质量。

(六) 联想思维

联想思维是指人脑记忆表象系统中,由于某种诱因导致不同表象之间发生联系的一种没有固定思维方向的自由思维活动。其主要思维形式包括幻想、空想。其中,幻想,尤其是科学幻想,在人们的创造活动中具有重要的作用。联想思维可分为五种。

(1)接近联想。时间或空间上的接近都可以引起不同事物之间的联想。

（2）相似联想。从外形或性质上的、意义上的相似引起的联想，都是相似联想。

（3）对比联想。由事物间完全对立或存在某种差异而引起的联想，或者是相反特征的事物、相互对立的事物间所形成的联想就是对比联想。

（4）因果联想。由于两个事物存在因果关系而引起的联想，就是因果联想。这种联想往往是双向的，可以由因想到果，也可以由果想到因。

（5）类比联想。类比法就是通过对一种事物与另一种事物对比而进行创新的一种联想。其特点是以大量联想为基础，以不同事物间的相同、类比为纽带。

（七）质疑思维

质疑思维是指创新主体在原有事物的条件下，通过"为什么"（或"可否"）的提问，综合应用多种思维改变原有物质条件而产生新事物（或新方法、观念）的一种思维方法。

 案例分享 4-8

伽利略的故事

基于亚里士多德的"权威论断"和生活中的部分事实，此后的两千多年间，几乎没有人怀疑过"重的物体比轻的物体下落要快"这个"真理"。

终于有一天，一个年轻人对此提出了疑问，这人就是伽利略：他心想：如果把 100 磅的球和 1 磅的球连在一起，让他从高处落下，情况会怎样呢？ 于是，伽利略就在比萨斜塔上做了著名的自由落体实验，实验证明：轻重不同的物体，在相同的条件下，会同时落地。当然，鸟类羽毛和树叶由于体积相对较大，下落过程中其单位重量所受到的空气阻力远远超过了铁球和苹果，因而出现了铁球落地快、鸟类羽毛落地慢，苹果落地快、树叶落地慢的现象，但这并没有影响到伽利略自由落体定律的正确性。

正是敢于质疑，伽利略才成为推翻亚里士多德"权威论断"的第一人，同时，也成为物理学中自由落体定律的发现者。著名的比萨斜塔实验，使伽利略一举成为物理学发展史上一位耀眼的明星。为了创新，就必须对前人的想法加以怀疑，从前人的论断中，提出自己的疑问，才能够发现前人的不足之处，才能够产生自己的新观点。西方哲学家狄德罗曾经说过：怀疑是走向哲学的第一步。其实，不但学哲学是这样，学习所有的知识也都是这样。如果对于自己所学的知识不加以怀疑就全盘接受，那么，我们实际并没有真正懂得这门知识，我们也不可能把这门知识运用到实践生活当中去。

我们能够提出的疑问，就说明我们对这件事情有了独立的思考，这就是一种进步。有位科学家说：提出问题比解决问题更重要。我们首先要怀疑，才能够提出问题，在提出问题的基础上，才能够解决问题，才能够发现新的观念。

（八）迂回思维

迂回思维是指在我们解决问题的过程中，如果碰到难以逾越的障碍，或不能达到预定目标时，就必须设法避开障碍，转换一个思考问题的角度，另选一个方向，从侧面迂回，从而解决难题，实现原定目标的一种思维方法。

案例分享 4-9

最短的路,还是最快的路

某公司一职员大清早起来急急忙忙去上班,因为今天他要参加一个很重要的会议,会议的议题之一就是关于他能否升职,所以今天一定得表现好,起码不能迟到。可偏不凑巧他的闹钟今天早晨坏了,还有 20 分钟会议就要开始了。小职员唯有改乘出租车,希望能及时赶到会场。

好不容易拦了一辆出租车,匆匆忙忙上车后,他便对司机说:"司机先生,我要赶时间,拜托你走最短的路!"司机问道:"先生,是走最短的路,还是走最快的路?"小职员好奇地问:"最短的路不是最快的吗?""当然不是,现在是上班高峰期,最短的路一般都会堵车。你要是赶时间的话最好绕道走,虽然多走一点路,却是最快的。"

听了司机的话,小职员最终选择了最快的路。途中他看见不远处有一条街道堵得水泄不通,司机解释说那条正是他要走的最短的路。司机说得没错,多走一点路果然畅通无阻,虽然路程较远,却很快到达目的地。小职员最终赶上了会议,还升职当了部门经理。

人都喜欢走捷径,希望以最少的体力最快到达目的地。然而,最短的路未必最快。创新思维本身就带有一定的神秘性和模糊性,能够一下子将事物看穿的情况并不多见,这就要求我们一方面遇到棘手的问题,不烦恼、不气馁,要保持高度的耐心;另一方面要开动脑筋,另辟蹊径,有时甚至要采取绕道而行、甚至以退为进的方式,以求用最小的成本、最低的代价解决相关难题。

二、创新思维训练的方法

(一) 三三两两讨论法

此法可归纳为每两人或三人自由成组,在三分钟内,就讨论的主题,充分交流意见。三分钟后,再回到团体中作汇报。

(二) 脑力激荡法

脑力激荡法是最为人所熟悉的创意思维策略,此法强调集体思考,着重互相激发思考,鼓励参加者于指定时间内,提出大量的想法,并从中引发新颖的构思。脑力激荡法虽然主要以团体方式进行,但也可用于个人独自进行。该法的基本原理是:只专心提出构想而不加以评价;不局限思考的空间,鼓励想出越多主意越好。

此后的改良式脑力激荡法是指运用脑力激荡法的精神或原则,在团体中激发参加者的创意。

(三) 六六讨论法

六六讨论法是以脑力激荡法作基础的团体式讨论法。其具体方法是将大团体分为六人一组,只进行六分钟的小组讨论,每人一分钟,然后再回到大团体中分享及做最终的评估。

(四) 思维导图法

思维导图法是刺激思维及帮助整合思想与信息的一种思考方法,也可说是一种观念图像化的思考策略。此法主要采用图形式的概念,以线条、图形、符号、颜色、文字、数字等各种方式,将想法和信息快速地记录下来,使之成为一幅思维导图。结构上,具备开放性及系统性的特点,让使用者既能自由地激发扩散性思维,发挥联想力,又能有层次地将各类想法组织起来,以刺激大脑作出各方面的反应,从而得以发挥全脑思考的多元化功能。

(五) 曼陀罗法

曼陀罗法是一种有助于激发扩散性思维的思考策略。此法是利用一幅九宫格图,将主题写在中央,然后把由主题所引发的各种想法或联想写在其余的八个圈内,此法有利于从多方面思考问题。

(六) 逆向思考法

逆向思考法是可获得创造性构想的一种思考方法,如能对这个方法充分加以运用,创造性就可加倍提高。

(七) 属性列举法

属性列举法是一种著名的创意思维策略。此法强调使用者在创造的过程中观察和分析事物或问题的特性或属性,然后针对每项特性提出改良或改变的构想。

(八) 希望点列举法

这是一种不断地提出"希望""怎样才能更好"等理想和愿望,进而探求解决问题和改善对策的方法。

(九) 优点列举法

这是逐一列出事物优点的一种方法,有利于探求解决问题和改善对策。

(十) 缺点列举法

这是一种不断针对一项事物,反思该事物的各种缺点及缺漏,并进而探求解决问题和改善对策的方法。

(十一) 5W2H 法

此法的优点在于提示讨论者从不同的层面去思考和解决问题。所谓5W,是指:为何(why)、何事(what)、何人(who)、何时(when)、何地(where);2h 指:如何(how)、何价(how much)。

(十二) 目录法

目录法又可称为"强制关联法",指在考虑解决某一个问题时,一边翻阅资料性的目录,一边强迫自己把在眼前出现的信息和正在思考的主题联系起来,从中得到构想。

(十三) 创意解难法

美国学者帕纳斯(1967)提出"创意解难"(Creative Problem Solving)的教学模式,是发展自奥斯本所倡导的脑力激荡法及其他思考策略,此模式重点在于在解决问题的过程中,问题解决者应以有系统、有步骤的方法,找出解决问题的方案。

三、实践训练

(一) 了解创新

实践目标:

通过本次实践活动,了解创新的内涵、创新的来源及创新的类型。

实践任务：

在报刊、互联网等媒体上搜索创新成功的案例，并进行分析。

实践要求：

（1）完成国内外创新案例的搜集整理。

（2）分析案例的创新类型及灵感来源。

（3）撰写实践报告，总结案例启示。

（二）创新思维训练一

实践目标：

学生通过创新思维的实践，树立创新思维意识，提高思维的创新能力，掌握创新思维的技术性方法，并学会运用创新思维方法解决某些问题。

实践任务：

训练项目一：发散思维训练。

将学生分为 A、B 两组，思考用"吹"和"吸"能办成哪些事情或解决哪些问题。由 A 组组员回答"吹"可以办成哪些事情或解决哪些问题，B 组组员回答"吸"可以办成哪些事情或解决哪些问题，5 分钟内答案数量最多的组胜出。再由两组学生分别评出对方组中最有创意的一个答案。

训练项目二：联想思维训练。

利用"想到……就想到……"的句式造句。如：一个人说"想到米饭，就想到碗"，另一个人接"想到碗，就想到筷子"，以此类推。A 组和 B 组分别进行接龙游戏，固定时间内接的句子多者胜出。

实践要求：

在创新思维训练的基础上总结发散思维和联想思维训练的方法。

（三）创新思维训练二

实训目标：

学生通过创新思维的实训，树立创新思维意识，提高创新思维的能力。

实践任务：

完成以下创新思维训练题。

（1）几个裁缝商量如何分买来的布：如果每人分 6 匹，就剩下 5 匹；如果每人分 7 匹却又缺 8 匹。请问有几匹布、几个裁缝？

（2）用两条直线将一正方形分成 4 等份，可以怎样分？

（3）古时候，一座山因为大雨而滑坡，一块巨石滚了下来，堵住了一条交通要道。正巧，没几天，皇帝出游要经过这条山路，地方官员马上组织人清理巨石，可是这块石头实在太大、太重，工人们只能一点一点凿，这样下去，到皇帝出游的时候是不可能完工的。正在这时，一名工人想出了一个好办法，很快就把巨石搬走了，你知道他的办法是什么吗？

（4）有 2 个盲人，各自买了 2 件一样的黑色衣服和 2 件一样的白色衣服。他们把这些衣服放混了，但是不久他们没有借助任何人的帮助就把这些衣服按颜色分开了，你知道他们是怎样做到的吗？

（5）围魏救赵、草船借箭等典故充分体现了侧向思维,请在日常生活中寻找一个运用侧向思维解决问题的例子。

（6）不能倾倒,也不能打碎杯子,请你从装满水的杯子中取出杯中的水。

（7）请你用"△〇□"三个符号在 15 分钟内画出不少于 10 个图形。

（8）请你为"灯"与"污染"建立联系。

（9）一艘船要穿过一座桥,由于船舱顶部比桥底高 1 厘米而无法通过。这时船长让所有船员到甲板上集合,没过多久船就顺利穿过了石桥。请问船长用的是什么办法?

（10）怎样用一个 3 升的杯子和一个 5 升的杯子倒出 4 升的水来?

实践要求:

请在 30 分钟内独立完成这些问题。

第四节　创 新 精 神

案 例 导 入

巴菲特的创新精神

巴菲特不同于一般价值投资者的地方在于他会做进攻型价值投资。他购买上市企业股票达到一定数量继而控股上市企业后,会寻求企业清算、并购重组或进入上市企业董事会改善其经营状况等快速实现价值的回归。最典型的案例就是其对伯克希尔·哈撒韦企业的投资,1967 年巴菲特完成了对伯克希尔·哈撒韦的收购,当时这家企业的主要业务是传统的纺织业。由于收购价格远低于其净资产价格,巴菲特原本想通过企业清算大赚一笔,后来受制于美国劳工法律,难以进行企业清算。巴菲特另辟蹊径,通过收购保险企业资产,重组伯克希尔·哈撒韦,利用保险浮存金进行投资。何谓保险浮存金? 简单来说就是投保人向保险企业缴纳的保费,保险企业在留有一定比例的近期理赔或支付金额后,其余的可以拿出去进行投资。由于保费缴纳时间长、近期理赔费用少等特点,保险浮存金的成本非常低甚至是负成本。

通过几十年的努力,保险已经是伯克希尔·哈撒韦最主要的产业,大量低成本的保险浮存金成为巴菲特投资源源不断的"弹药"。今天的商业世界很多人明白了利用保险浮存金投资的巨大优势,但在 50 多年前这可算是个巨大的创新。巴菲特的创新精神还体现在他不排斥新型金融工具,并且通过运用新型金融工具提高收益,完善自己的投资体系。

点评:正是在投资生涯中与时俱进、不断创新,巴菲特的投资取得了空前的成功,成为人人敬仰的"股神"。我们学习巴菲特,不但要学习其价值投资理念,更要学习其善于思考,积极创新的精神。

一、创新精神的内涵

创新精神是一个国家和民族发展的不竭动力,也是一个现代人应该具备的素质。

创新精神属于科学精神和科学思想范畴,是进行创新活动必须具备的一些心理特征,包括创新意识、创新兴趣、创新胆量、创新决心,以及相关的思维活动。

创新精神是一种勇于抛弃旧思想旧事物、创立新思想新事物的精神。例如:不满足已有认识(掌握的事实、建立的理论、总结的方法),不断追求新知;不满足现有的生活生产方式、工具、材料、物品,根据实际需要或新的情况,不断进行改革和革新;不墨守成规(规则、方法、理论、说法、习惯),敢于打破原有框架,探索新的规律、新的方法;不迷信书本、权威,敢于根据事实和自己的思考,质疑书本和权威;不盲目效仿别人的想法、说法、做法,不人云亦云,不唯书唯上,坚持独立思考,说自己的话,走自己的路;不喜欢一般化,追求新颖、独特、异想天开、与众不同;不僵化、呆板,灵活地应用已有知识和能力解决问题。这些都是创新精神的具体表现。

创新精神是科学精神的一个方面,与其他方面的科学精神不是矛盾的,而是统一的。例如:创新精神以敢于摒弃旧事物旧思想、创立新事物新思想为特征,同时创新精神又要以遵循客观规律为前提,只有当创新精神符合客观需要和客观规律时,才能顺利地转化为创新成果,成为促进自然和社会发展的动力;创新精神提倡新颖、独特,同时又要受到一定的道德观、价值观、审美观的制约;创新精神提倡独立思考、不人云亦云,但并不是不倾听别人的意见、孤芳自赏、固执己见、狂妄自大,而是要团结合作、相互交流,这是当代创新活动不可少的方式;创新精神提倡胆大、不怕犯错误,但并不是鼓励犯错误,只是认为出现错误认知是科学探究过程中不可避免的;创新精神提倡不迷信书本、权威,但并不反对学习前人经验,任何创新都是在前人成就的基础上进行的;创新精神提倡大胆质疑,而质疑要有事实和思考的根据,并不是毫无理由地怀疑一切。总之,要用全面、辩证的观点看待创新精神。只有具有创新精神,我们才能在未来的发展中不断开辟新的天地。

二、创新精神的类型

创新精神可以理解为个体从事创新活动所需的基本心理状态,主要包括创新意识、创新思维、创新技能和创新品质四个方面。

(一)创新意识

创新意识是个体从事创新活动的主观意愿和态度。只有具有强烈的创新意识的人,才能产生强烈的创新的欲望,树立创新目标,发挥创新潜力和才智。创新意识,主要应体现在尊重客观现实、善于理性思考、敢于怀疑、追求卓越等方面。

(二)创新思维

创新思维是创造力的核心。这就是说,要加强对人进行创造性思维活动的教育,不断提高思维创新活动的各方面能力,如思维发散能力、思维想象能力、思维逻辑能力和思维直觉灵感能力。

(三)创新技能

创新技能反映为人的行为技巧、动作能力,属于创新活动的工作机制。它包括信息加工能力、工作能力、动手操作能力等。

(四)创新品质

创新品质主要是指个体从事创新活动所表现出来的稳定的个性品质特征,它包括勇敢、独立性、好奇心、有毅力、富于挑战性、敢于质疑及一丝不苟等良好的个性品质特征。创新主体个性特点上的品质差异性在一定程度上决定着创新成就的大小,因此,创新品质的塑造是创新精神培养的重要环节。

 **课堂讨论**

请分享三个与创新有关的案例。

第五章 创新方法与技巧

第一节 创新方法概述

一、创新方法的内涵

2008 年，科学技术部、发展改革委、教育部和中国科协四部门联合印发《关于加强创新方法工作的若干意见》，创新方法专项工作正式启动。该意见指出："创新方法是科学思维、科学方法和科学工具的总称。"

创新是一个完整的价值增值链，包括创意的产生、科学研究、技术开发、生产制造和实现商业化等多个环节，每一个环节都对应着一定的方法。如在创意产生环节有科学思维方法，在科学研究阶段有知识管理方法，在技术开发阶段有帮助研发人员快速产生专利的 TRIZ 方法，在生产制造环节有工业工程方法。除此之外，还有贯通了几个环节的系统工程方法。这些方法组成的方法集或称方法体系即为创新方法。

二、创新方法的作用

随着社会的发展和竞争的日趋激烈，人们总是力求创新，欲在已有的基础上有所改变、有所进步、有所发展。但是，人们注重的往往是创新的实践活动，而忽视了对创新方法的学习。创新方法在创新实践中发挥着以下几方面的作用。

（一）创新方法有利于创新思维模式的形成

思维模式是决定创新能力的关键因素，思维模式的不同带来的实践结果也就截然不同。然而，每个人都有一种与生俱来的自然能力，那就是思维惯性。这种能力，常常将人们的思维方式局限在已知的、常规的解决方案上，从而阻碍新方案的产生。通过学习掌握创新的方法，可以掌握简化思维、逆向思维、发散思维、联想思维、反差思维、转化思维、整体思维等创新思维的特征和规律，不再简单地重复单向思维、线性思维、惯性思维，学会用"新的眼光"去发现问题和提出问题，打破固有的思维模式与圈子，敢于否定、质疑和超越常规地去思考、去实践，走出固有思维，形成创新思维的习惯，形成应变性思维。然后按照创新思维必须经过的准备、酝酿、顿悟和验证四个阶段，以创新的思维和视角来看待问题、分析问题和解决问题。

以洛阳某公司技术创新为例。长期以来，该公司技术中心作为公司的一个职能部门，新产品开发过程的组织与控制、产品规划缺乏方向性，产品设计人员与市场脱节，新产品的市场反应速度迟缓,技术中心内专业间发展不平衡,科研投入得不到保障,科技人员参与攻关的积极性不高等问题始终存在。多年来,该公司采取了一些措施,也出台了许多激励政策,但都延续着传统的思维模式,依然采取职能部门的运行模式,没有从机制上进行彻底的改变,所以效果并不明显。2008 年公司按照具有创见意义的思维模式,运用有规律的、多纬度的发散思维方式,站在更高的位置,采用不同的角度,及时调整技术中心的职能定位,打破常规,真正从机制上对技术中心进行创新,采取模拟分公司的模式进行运行,从责、权、利的相对分权,构建技术中心高效、灵活的运行体制,促进技术中心步入了良性发展的轨道。2008 年的前 10 个月,公司共研发新产品品种 170 多个,其中被国家授权专利十余项。科研与技术项目引入了项目制管理的新机制,调动了技术人员的积极性,稳定了骨干队伍,提高了科技创新能力。

(二)创新方法有利于科学地、有序地指导实践

创新是指把发明和创造实用化与商业化,或把新的方法运用于经济活动的过程。创新方法就是解决发明创新问题的基本方法。解决问题的方法是有规律的。通过学习创新的方法,可以科学地运用创新方法中实用和适用的创新原理,让人们在实际工作中实现创新,少走弯路,尽快、尽早地剔除那些复杂而效率不高的解决方案,找出更高效的解决方案,使创新更具方向性、有序性和可操作性。

(三)创新方法有利于简单有效地解决问题

运用创新方法可以使解决问题的方案更加可行、更加合理、更加严密。任何创新都是一个解决问题的过程,面对具体问题,解决方案是复杂而效率不高的,还是简单有效的,会导致结果截然不同。通过学习创新的方法,掌握创新的规律,可以少走弯路,不断提升解决问题的水平。

三、创新方法的种类

国内外创造学家通过对大量成功的创新案例的深入分析、归纳,总结了具有规律性的方法和程序。日本出版的《创造技法大全》总结了 300 多种创造技法,其中常用的有 100 多种,最常用的约 30 种。这些方法和程序对于从事创造创新活动的人来说具有一定的指导意义,对于初学者更是如此。各种方法都有各自的特点、局限性和适应范围。为了便于学习使用,人们对其进行了分类。分类的方法多种多样,下面介绍几种常用的分类方法。

(1)日本电气通信协会将常用的创新方法分为六类,分别是自由联想法、强制联想法、设问法、分析法、类比法和其他方法。

(2)日本创造学会和日本创造力开发所的有关专家将创新方法分成三类:① 扩散发现技法,即围绕创新发明的对象,利用发散思维来诱发出各种各样的创造性设想的创新技法。② 综合集中技法,即通过收集情报信息,并按一定程序进行集中思维的创新技法。③ 创新意识培养技法,这是一种前期创新技法,其用意在于培养人的注意力,并诱发创新思维的萌芽上。

(3)我国相关创造力开发课题组将创新技法分为三类,分别是提出问题的方法、解决问题的方法和程式化的方法。

(4)其他类型,如将创新技法分为发散技法、收敛技法和统合技法三类。

第二节　提升创新能力

汽车与牛肉的故事

美国著名的汽车大王亨利·福特在街上散步时,无意间观察到肉铺仓库里的几个工人在切割牛肉时依次分别切牛的里脊肉、胸肉和头肉,他的脑海里立刻浮现出了类似相反的过程:能否让工人依次分别组装汽车的各种零部件呢? 于是,用流水线组装汽车的方法诞生了,与之前由一个工人从头至尾装配一辆汽车相比较,因为每个工人只负责一小部分操作,劳动熟练程度和劳动效率大大提高,而且很少出差错。新方法的采用,使福特公司脱颖而出,奠定了福特在汽车行业中的地位。

在此以前,汽车工厂都是作坊式的手工生产模式,这种生产方式使得汽车的产量很低,而且需要高额的成本。在没有流水组装线出现以前,一辆汽车在美国的售价大约是 4 700 美元,这相当于一个普通人好几年的收入。而用福特首创的流水组装线生产的车不仅将成本大幅降低,而且还提高了生产效率。这种车起初售价为 850 美元,随着设计和生产的不断改进,它甚至降到了 260 美元。

除了首创流水线的生产模式外,福特创造的"8 小时 6 美元"薪酬制度和"利润分成计划"也成为今天企业股权、期权、红利、福利等"分享计划"的起点。"工资解决了十分之九的精神问题。"这是福特开明的工资观念。正是这一理念,福特将工人工资提高到了 5 美元,而每天的工作时间从 9 小时缩短到了 8 小时,并将为每名员工提供利润分成。在当时美国处于萧条的大环境下,5 美元的薪资对工人来说可谓是非常高的薪酬,而且在福特汽车大卖的时候,他们的薪资可达 6 美元。同样,超过常规水平线的薪资,带给福特公司更多的收益,之后福特首先收获的是巨大的广告效应。而新的薪资政策激发工人的能动性,形成一个良性的循环,降低了员工的流动率,还包括员工对企业认同度和忠诚度的提升。

点评:应用创新方法不仅有利于产生创新成果,而且能启发人的创新思维,还能提高人的创新能力和实现创新成果的可能性。人们在创新活动实践中总结出众多的创新方法,不同的创新方法在不同的创新领域的适用性各异,相同的方法可以解决同一问题的不同环节,相同的问题也可用不同的创新方法来解决。

下面将主要介绍六种常用的创新方法。

一、头脑风暴法

所谓头脑风暴最早是精神病理学上的用语,如今常用来指无限制的自由联想和讨论,其目的在于产生新观念或激发创新设想。头脑风暴法是一种通过产生想法来解决问题的方法。它通常涉及一个小组,有协调人的指导。头脑风暴的力量体现为参与者在自由思考环境中找出各自想法之间的联系,从而找出解决问题的方案。

在群体决策中,由于群体成员心理相互作用的影响,个体易屈于权威或大多数人意见,形成所谓的"群体思维"。群体思维削弱了个体的批判精神和创造力,损害了决策的质量。为了保证群体决策的创造性,提高决策质量,管理学家发展了一系列改善群体决策的方法,头脑风暴法是较为典型的一个。

（一）组织形式

小组人数一般为 10～15 人(课堂教学也可以班为单位),小组成员最好由不同专业或不同岗位者组成;时间一般为 20～60 分钟;设主持人一名,主持人只主持会议,对设想不做评论;设记录员 1～2 人,记录员要认真将与会者的每一个设想不论好坏都完整地记录下来。

（二）会议类型

(1) 设想开发型:这是为获取大量的设想、为课题寻找多种解题思路而召开的会议,因此,要求参与者要善于想象,语言表达能力要强。

(2) 设想论证型:这是为将众多的设想归纳转换成实用型方案召开的会议,要求与会者善于归纳、善于分析判断。

（三）会前准备工作

明确会议主题,会议主题提前通报给与会人员,让与会者有一定准备;选好主持人,主持人要熟悉并掌握该技法的要点和操作要素,摸清主题现状和发展趋势;参与者要有一定的训练基础,懂得该会议提倡的原则和方法;会前可进行柔化训练,即对不善于创新锻炼者进行打破常规思考,转变思维角度的训练活动,以减少思维惯性。

（四）会议原则

为使与会者畅所欲言,互相启发和激励,达到较高效率,必须严格遵守下列原则。

(1) 禁止批评和评论,避免过度自谦。对别人提出的任何想法都不能批判、不得阻拦。即使自己认为是幼稚的、错误的,甚至是荒诞离奇的设想,亦不得予以驳斥;同时也不允许自我批判,在心理上调动每一个与会者的积极性,彻底防止出现一些"扼杀性语句"和"自我扼杀语句"。诸如"这根本行不通""你这想法太陈旧了""这是不可能的""这不符合某某定律"以及"我提一个不成熟的看法""我有一个不一定行得通的想法"等语句。只有这样,与会者才可能在充分放松的心境下,在别人设想的激励下,集中全部精力开拓自己的思路。

(2) 目标集中,追求设想数量,越多越好。在头脑风暴法实施会上,只强制大家提设想,越多越好。会议以谋取设想的数量为目标。

(3) 鼓励巧妙地利用和改善他人的设想。这是激励的关键所在。每个与会者都要从他人的设想中激励自己,从中得到启示,或补充他人的设想,或将他人的若干设想综合起来提出新的设想等。

(4) 与会人员一律平等,各种设想全部记录下来。与会人员,不论是该方面的专家、员工,还是其他领域的学者,以及该领域的外行,一律平等;各种设想,不论大小,甚至是最荒诞的设想,记录人员也要认真地将其完整地记录下来。

（5）主张独立思考，不允许私下交谈，以免干扰别人思维。

（6）提倡自由发言，畅所欲言，任意思考。会议提倡自由奔放、随便思考、任意想象、尽量发挥，主意越新、越怪越好，因为它能启发人推导出好的观念。

（7）不强调个人的成绩，应以小组的整体利益为重，不以多数人的意见阻碍个人新的观点的产生，激发个人追求更多、更好的主意。

（五）会议实施步骤

（1）会前准备：确定参与人、主持人和课题任务，必要时可对参与人进行柔性训练。

（2）设想开发：由主持人公布会议主题并介绍与主题相关的参考情况；参与人突破思维惯性，大胆进行联想；力争在有限的时间内获得尽可能多的创意性设想。

（3）设想的分类与整理：一般分为实用型和幻想型两类。前者是指利用如今的技术工艺可以实现的设想，后者指利用如今的技术工艺还不能完成的设想。

（4）完善实用型设想：对实用型设想，再用头脑风暴法去进行论证、进行二次开发，进一步扩大设想的实现范围。

（5）幻想型设想再开发：对幻想型设想，再用头脑风暴法进行开发，通过进一步开发，就有可能将萌芽的创意转化为成熟的实用型设想。这是头脑风暴法的一个关键步骤，也是该方法质量高低的明显标志。

二、列举法

列举法运用了分解和分析的方法，作为一种最基本的创新方法，列举法应用广泛，常用于简单设想的形成与发明目标的确定。列举法的要点是将研究对象的属性、缺点、希望点罗列出来，提出改进措施，形成有独创性的设想。因此，列举法可以分为属性列举法、缺点列举法、希望点列举法、成对列举法和综合列举法。

（一）特性列举法

特性列举法也称特征列举法，是美国尼布拉斯加大学的克劳福德教授于1954年提出的一种著名的创意思维策略。此法强调使用者在创造的过程中观察并分析事物或问题的特性，然后针对每项特性提出改良或改变的构想。

通过将决策系统划分为若干个子系统（即把决策问题分解为局部小问题），并把它们的特性一一列举出来。将这些特性加以区分，划分为概念性约束、变化规律等，并研究这些特性是否可以改变，以及改变后对决策产生的影响，研究决策问题的解决方法。此法的优点是能保证对问题的所有方面进行全面的研究。具体实施步骤如下。

（1）将事物或问题分为下列三种特性。

① 名词特性：全体、部分、材料、制法。

② 形容词特性：性质、状态。

③ 动词特性：功能。

（2）进行特征变换。

（3）提出新产品构想。依变换后的新特征与其他特征组合可得到新产品。

（二）缺点列举法

缺点列举法是发现已有事物的缺点，将其一一列举出来，通过分析选择，确定创新目标,制订创新方案,从而进行创造发明的创新方法。它是改进原有事物的一种创新方法。

具体做法:召开一次缺点列举会,会议由 5～10 人参加,会前先由主管部门针对某项事务,选举一个需要改革的主题,在会上发动与会者针对这一主题尽量列举各种缺点,愈多愈好,另请人将提出的缺点逐一编号并记录,然后从中挑选出主要的缺点,并围绕这些缺点制订出切实可行的创新方案。一次会议的时间在一两小时之内,会议讨论的主题宜小不宜大,即使是大的主题,也要分成若干小题,分次解决,这样,原有的缺点就不致被遗漏。

(三)希望点列举法

希望点列举法是指通过提出对产品的希望特性和具有的属性作为创造的出发点寻找创造的目标,发明创造者从个人愿望和广泛搜集他人愿望出发,通过列举希望和需求来形成创造课题的创造技法。

具体做法:召开希望点列举会议,每次可有 5～10 人参加。会前由会议主持人选择一件需要革新的事情或者事物作为主题,随后发动与会者围绕这一主题列举出各种改革的希望点;为了激发与会者提出更多的希望点,可将每人提出的希望点写下来,并将其在与会者之间传阅,这样可以在与会者中产生连锁反应。会议一般举行1～2 小时,产生50～100 个希望点即可结束。

会后将提出的各种希望点进行整理,从中选出目前可能实现的若干项进行研究,制订出具体的革新方案。

例如,有一家制笔公司用希望点列举法提出了一批改革钢笔的希望点:希望钢笔出水顺利;希望绝对不漏水;希望一支笔可以写出两种以上的颜色;希望不污纸面;希望书写流利;希望能粗能细;希望小型化;希望笔尖不开裂;希望不用打墨水;希望省去笔套;希望落地时不损坏笔尖。这家制笔公司从中选出"希望省去笔套"这一条,研制出一种像圆珠笔一样可以伸缩的钢笔,从而省去了笔套。

三、六顶思考帽法

六顶思考帽是一种思维训练模式,也是一个全面思考问题的模型。它提供了"平行思维"的工具,避免将时间浪费在互相争执上,强调的是"能够成为什么",而非"本身是什么",是寻求一条向前发展的路,而不是争论谁对谁错。运用六顶思考帽法,将会使混乱的思考变得更清晰,使成员间的争论变成集思广益的手段,使每个人变得富有创造性。

六顶思考帽法,是指使用六种不同颜色的帽子代表六种不同思维模式的方法。任何人都有能力使用这种方法。

(1)白色思考帽:白色代表中立和客观。戴上白色思考帽,人们关注的是客观事实和数据。

(2)绿色思考帽:绿色代表茵茵芳草,象征勃勃生机。绿色思考帽寓意创造力和想象力。具有创造性思考、头脑风暴、求异思维等功能。

(3)黄色思考帽:黄色代表价值与肯定。戴上黄色思考帽,人们从正面考虑问题,表达乐观的、满怀希望的、建设性的观点。

(4)黑色思考帽:黑色代表否定和批判。戴上黑色思考帽,人们可以运用否定、怀疑、质疑的看法,合乎逻辑地进行批判,尽情发表负面的意见,找出逻辑上的错误。

（5）红色思考帽：红色象征情感丰富。戴上红色思考帽,人们可以表现自己的情绪,人们还可以表达直觉、感受、预感等方面的看法。

（6）蓝色思考帽：蓝色思考帽负责控制和调节思维过程。戴上蓝色思考帽,人们可以负责决定各思考帽的使用顺序,规划和管理整个思考过程,并负责做出结论。

六顶思考帽法在会议中的典型的应用步骤。

（1）陈述问题（白帽）。

（2）提出解决问题的方案（绿帽）。

（3）评估该方案的优点（黄帽）。

（4）列举该方案的缺点（黑帽）。

（5）对该方案进行直觉判断（红帽）。

（6）总结陈述,做出决策（蓝帽）。

四、和田十二法

和田十二法是在奥斯本检核表法的基础上形成的一种思维方法。它既是对奥斯本检核表法的继承,又是一种大胆的创新。该方法只涉及 12 个动词,分别是：加、减、扩、缩、变、改、联、学、代、搬、反、定,它们概括了解决发明问题的 12 种思路,每种思路通俗易懂、简便好记,适合不同文化程度的人学习使用。

和田十二法的主要内容如下。

（1）加一加：加高、加厚、加多、加组合等。

例：某地的一名小学生发现,上图画课时,既要带调色盘,又要带装水用的瓶子很不方便。她想要是将调色盘和水杯"加一加",变成一样东西就好了。于是,她提出了将可伸缩的旅行水杯和调色盘组合在一起的设想,并将调色盘的中部与水杯底部刻上螺纹,这样,可涮笔的调色盘便产生了。

（2）减一减：减轻、减少、省略等。

例：某少年见爸爸装门扣时要拧六颗螺钉,觉得很麻烦。他想减少螺钉数目,于是提出了这样的设想：将锁扣的两边条弯成卷角朝下,只要在中间拧上两颗螺钉便可固定。这样的门扣只要两颗螺钉便可固定了。

（3）扩一扩：放大、扩大、提高功效等。

例：吹风机扩大变成了烘被褥的烘干机;望远镜扩成又长又大的天文望远镜。

（4）缩一缩：压缩、缩小、微型化等。

例：袖珍词典、袖珍收音机、袖珍电筒、袖珍雨衣、折叠伞、折叠椅。

（5）变一变：变形状、变颜色、变气味、变音响、变次序等。

例：圆珠笔单色变双色或三色;瓜子向奶油味、酱油味、怪味、辣味等多品种变化;闹钟变为无声振动。

（6）改一改：改缺点、改不便、改不足之处等。

例：雨伞过去多为黑色,太单调,现在有花色繁多的雨伞;伞柄改成可伸缩的,便于收藏;伞布遮住视线,改成了透明塑料做伞布。

（7）联一联：原因和结果有何联系，把某些东西联系、组合起来。

例：多功能的车床；电动车既可以电动也可以脚动。

（8）学一学：模仿形状、结构、方法。

例：模仿升降功能就有了可升降篮球架；研究蝙蝠的飞行原理发明了雷达；研究鱼在水中的游动，发明了潜艇。

（9）代一代：用别的材料、零件、方法等替代。

例：曹冲是用石头替代大象称重；用餐巾纸代替手帕。

（10）搬一搬：移做他用等。

例：利用激光制成激光武器，激光唱片，激光防伪。

（11）反一反：能否颠倒一下。

例：正反可穿的衣服；汽车的反光镜；电动机反过来用就成了发电机。

（12）定一定：定个界限、标准，提高工作效率。

例：药水瓶上印刻度，贴上标签，注明每天服用几次，什么时间服用，服用几格。

以新型电风扇的创新设计为例，使用和田十二法进行初步设计，见表 5-1。

表 5-1 和田十二法在新型电风扇创新设计的应用案例

检核项目	新 设 想 说 明	新 设 想 名 称
加一加	能根据环境温度的变化，自动调节风量	自动调节电风扇
减一减	去掉电风扇的吊杆，改为吸顶式，使客厅更为美观	吸顶电风扇
扩一扩	扩大送风角度，使电风扇能够全方位送风	全方位电风扇
缩一缩	电风扇小型化，以适应不同的需要	吊帐内电扇、婴儿电风扇
变一变	通过改变电风扇结构状态使电风扇性能发生变化	球式电风扇
改一改	改进普通电风扇易使人感冒的缺点	保健电风扇
联一联	将电风扇应用于灭蚊、催眠等	驱蚊电风扇、催眠电风扇
学一学	将太阳能、遥控等新技术应用在电风扇上	太阳能电风扇、遥控电风扇
代一代	用经药物浸泡的高级木材作叶片材料制成保健电风扇	木叶片保健电风
搬一搬	移到电视机内，机罩内安装微型风扇，防止电视机过热	电视多用保护罩机用电扇
反一反	冬天供热风	热风扇
定一定	规定电风扇的节能标准	节能电风扇

五、5W2H 分析法

5W 是指五个以 W 为首字母的英语单词，2H 是指两个以 H 为首字母的英语单词。使用这种方法发现解决问题的线索，寻找发明思路，进行设计构思，从而搞出新的发明项目。

（1）what——是什么？目的是什么？做什么工作？

（2）why——为什么要做？可不可以不做？有没有替代方案？

（3）who——谁？由谁来做？

（4）when——何时？什么时间做？什么时机最适宜？

（5）where——何处？在哪里做？

（6）how——怎么做？如何提高效率？如何实施？方法是什么？

（7）how much——多少？做到什么程度？数量如何？质量水平如何？费用产出如何？

假设：你要交代领料员去领料。你就得给予他明确的工作指示：要做什么（what），为什么要领（why），何时去领、何时完成（when），到哪里去领（where），找谁领（who），需要领些什么（what），如何点数、检验、包装、搬运等（how），领多少（how much）。

5W2H分析法是一种调查研究和思考问题的办法，有助于使使用者理清思路，杜绝盲目地做事，从而提高工作效率。

六、联想类比法

联想类比法是根据事物之间相似或相对的特点，进行由此及彼、由近及远、由表及里思考问题的一种方法。它是通过挖掘两种或两种以上事物之间存在的关联性与可比性，去扩展思维，使其由旧见新、由已知推未知，从而使人获得更多的设想、预见和推测的方法。

联想思维具有启迪性、支配性、逻辑性和扩展性。联想思维可分为因果联想、相似联想、推理联想和对比联想四种类型。

（1）因果联想。因果联想是从已掌握的知识信息与思维对象间的因果关系中获得启迪的一种思维形式。

（2）相似联想。相似联想是将观察到的事物与思维对象作比较，根据两个或两个以上的研究对象与设想之间的相似性创造新事物的一种思维方式。

（3）推理联想。推理联想是指由某一概念而联想出其他相关概念，并根据两者之间的逻辑关系，推导出新的创造构想的一种思维方式。

（4）对比联想。对比联想是将已掌握的知识与思维联系起来，从两种或两种以上事物的相关性中加以对比后获得新知识的一种思维方式。

第三节　创意成果的转换

一、创意的开发

人的创意意识有习惯性创意意识和强制性创意意识之分。习惯性创意意识一经形成，就具有稳定持续的特点，因此要从小培养。强制性的创意意识受创意体目的性支配，当创意活动的目的达到后,这种创意意识就消失了。培养创意意识要从培养习惯性创意意识和强化强制性创意意识两个方面着手。

（1）习惯性创意意识的培养要从小抓起,注意从品格上加以磨炼,培养创意体勇于探索、刻意求新、独树一帜的创新精神。

（2）强制性创意意识的培养途径有外部强制和自身强制之分。外部强制是指一切由外部因素激发的创意意识。对于具有一定的敬业精神和责任感的人来说,外部强制也可以在一定时期保持旺盛的创意意识。自我强制是由自我需要的目的性而引发的创意意识。自我需要的目的性既有经济利益的需要,而强制自己去创新;也有显示心理的需要,如要借此显示自己的才能,认为发明创造是一种享受,可以满足心理上的成就欲和成功感,故强制自己去创新;更高境界的则是因宏伟抱负和崇高理想的需要而激发创意意识。

如果说习惯性创意意识是一种自我行为,是自然流露,那么强制性创意则是一种自觉行为,是人们理智地驱使自己按照一定目标进行创意的行为。

二、创意成果的保护

 案例分享 ···

工艺花茶创始人——薛彤云的故事

这种在水里绽放的一朵朵美丽的花,不仅可以拿来欣赏,同时还是一杯杯香浓的茶。这种茶有个响亮的名字,叫工艺花茶。说起工艺花茶就不得不提到一个人,此人就是行业内公认的工艺花茶创始人——福建省福安市的薛彤云。工艺花茶曾经让她名震一时,并为她创造了每年200多万元的销售收入,同时成为很多人迅速赚取财富的法宝。工艺花茶还让她经历了长达5年的充满艰辛的维权之路。为了保护自己的工艺花茶不被仿冒,她四处奔走,甚至和当地村民发生了激烈的冲突。

2007年,薛彤云突然宣布放弃维权,并做出一件让很多人意外的事,她要把自己坚守多年的关于工艺花茶的所有商业秘密公之于众。在一片惊讶声中,薛彤云还带头制订了福建省工艺花茶的地方标准。自从有了行业标准,老百姓就可以遵照这个标准来制作工艺花茶了。为了让标准更好地实施,薛彤云还举办了多期的工艺花茶培训班。

把自己的商业秘密公之于众后,很多人都开始替薛彤云担心,她这么做会不会让自己的竞争对手变得强大,从而影响她的生意呢?但结果却出乎所有人的意料。放弃打假后,公司的销售额不仅没有减少,反而开始以每年80%的幅度增长。原来,薛彤云放弃打假后,把更多的时间和精力都用来研发新的产品。随着标准的实施,工艺花茶产业得到规范,整体质量明显提高,这个产业的产值也大幅度提升,而薛彤云靠着自己的技术实力成为产业带头人。

点评:薛彤云的故事说明了创新成果保护的哪些问题?维权是不是她明智的选择?专利是不是真的没有用?应该怎么保护创新成果呢?这些问题值得认真思考。创意是一种无形资产。一个好的创意,可能给权利人带来巨大的财富。

(一) 商标注册

如果权利人的创意是商标设计,则权利人可以通过申请商标注册来保护自己的创意。《中华人民共和国商标法》规定,权利人对于依法申请并获得注册的商标享有注册商标的专用权,未经商标注册人许可,任何人在同一种商品或者类似商品上使用与其注册商标相同或者近似的商标的,或者销售侵犯注册商标专用权的商品的,或者伪造、擅自制造他人注册商标标识或者销售伪造、擅自制造的注册商标标识的,或者未经商标注册人同意,更换其注册商标并将该更换商标的商品又投入市场的,以上这些行为都属于侵权行为。权利人可以依法向人民法院起诉,或者请求工商行政管理部门处理。

(二) 版权保护

很多创意往往够不上申请专利的标准,但如果该创意是文学、艺术和科学领域内具有独创性的智力成果,则权利人可以将创意以作品的形式表现出来,通过著作权法寻求保护。《中华人民共和国著作权法》对作品的保护范围很广,包括:文字作品;口述作品;音乐、戏剧、曲艺、舞蹈、杂技艺术作品;美术、建筑作品;摄影作品;电影作品;视听作用;工程设计图、产品设计图、地图、示意图等图形作品和模型作品;计算机软件;符合作品特征的其他智力成果。

(三) 作为商业秘密保护

如果一个创意,既不能申请商标注册,也不能申请专利或形成作品,那么,如果该创意是不为公众所知悉、能为权利人带来经济利益、具有实用性并经权利人采取保密措施的技术信息和经营信息,则权利人可以将其作为商业秘密获得保护。权利人应当采取合理的保密措施,与获悉该创意的单位或个人签订保密协议,要求其不得泄露或擅自使用该商业秘密。

《中华人民共和国反不正当竞争法》有如下规定。

"第九条　经营者不得实施下列侵犯商业秘密的行为:

(1) 以盗窃、贿赂、欺诈、胁迫、电子侵入或者其他不正当手段获取权利人的商业秘密。

(2) 披露、使用或者允许他人使用以前项手段获取的权利人的商业秘密。

(3) 违反保密义务或者违反权利人有关保守商业秘密的要求,披露、使用或者允许他人使用其所掌握的商业秘密。

(4) 教唆、引诱、帮助他人违反保密义务或者违反权利人有关保守商业秘密的要求,获取、披露、使用或者允许他人使用权利人的商业秘密。"

因此,当发生商业秘密侵权时,权利人可以依据相应的法律寻求救济。

 课堂讨论

请任选一种创新方法,思考出一个好的商业创意,可分组进行。

第三篇

创业理论与实践

第六章 创业与创业精神

第一节 创业基础与理论

问：老师，我并不想创业，我有必要上这门课吗？

答：不是所有的人都适合创业，创业是一项难度高、风险大、强度高的工作，仅有少部分的人去尝试，其中仅有少数人成功。大学生创新创业课程，是为了让大学生们在经济时代了解一些关于创业的知识，了解就业、创业对人才的需求，更深入地理解创业者思维，具备未接受创业课程的普通员工所不具备的素质、能力。

点评：大学所学的理论知识与将来的工作实践之间有很大差距，毕竟市场的活跃度要高于大学的固化模式。大学的创业课程有利于帮助学生在参加工作后尽快与公司的体系相结。当今就业形势严峻，就业压力大，学生在大学阶段学习这门教程，有利于降低将来工作中未知的风险，有利于适应高速发展的社会，有利于自我实现。无论就业还是创业，一个决策的失误就会使所有的努力付诸东流，因此学习这门课程是非常重要的。

随着社会的发展，创业的方式、渠道变得非常多，也许一个人只用一台电脑就可以创业，进行搭建网站、运营网站等工作，通过自己的努力实现自我价值，做自己的事业。

我国已进入"大众创业，万众创新"的时代，这为创业者提供了良好的商业环境平台和机会。《中华人民共和国就业促进法》规定："国家倡导劳动者树立正确的择业观念，提高就业能力和创业能力；鼓励劳动者自主创业、自谋职业。"创业的本质在于开拓新事业，但创业并不仅仅是开办公司。

一、创业的定义

"创业"一词由"创"和"业"组成，所谓"创"就是创造，即创建、创立、创新之意，"业"指事业。《孟子·梁惠王上》有："君子创业垂直，为可继也。"诸葛亮《出师表》曰："先帝创业未半，而中道崩殂。"这两篇文章中所谓的"业"，既可以是古代的"帝王之业""霸王之业"，也可以是百姓家业、家产和个人事业。

广义的创业通常指"创造新的事业的过程",所有创造新的事业的过程都是创业。无论是创造新企业、企业内创业,还是在工作岗位上创造性地发挥自己的聪明才智,通过发现机会、整合资源实现自己的价值和抱负,都可以称为创业。

狭义的创业概念源于英文"entrepreneur"一词,意为"企业家",可见对这种创业概念的理解带有经济学的视角。一些学者认为,创业是指某个人发现某种信息、资源、机会或掌握某种技术,利用或借用相应的平台和载体,将其发现的信息、资源、机会或掌握的技术,以一定的方式,转化、创造出更多的财富、价值,并实现某种追求或目标的过程。依据这种观点,"创业"通常指创建一个新企业的过程。新创建一个企业一般需要符合以下几个方面的条件:企业的创办必须符合法定程序;企业能够提供满足市场需求的产品和服务;新创企业需要确定适合于产品或服务的营销模式;新型企业需要一个创业团队,并能根据企业发展的需要进行有效的管理,包括技术管理、财务管理、营销管理、人力资源管理等。

二、创业的意义

 案例分享 6 - 1

俞敏洪的新东方

1988 年,当看到身边的同学一个个出国时,还在北京大学当英语老师的俞敏洪,也萌生了出国的想法。彼时,俞敏洪也获得了不少大学的录取通知,但提供奖学金最多的学校,也仅能提供四分之三的奖学金,离交齐学费还差几千美元。

在"万元户"都少见的 20 世纪 80 年代,几千美元是一笔巨款。为了筹到这笔钱,俞敏洪在校外做起了兼职培训。正在他憧憬留学大洋彼岸时,事情"败露了"。

1990 年秋天,北京大学给了俞敏洪通报处分。离开了北京大学,俞敏洪彻底没有了生活来源。为了养活老婆孩子,他决定下海。阴差阳错的决定,创造出了今天的新东方。

(一) 创业是国家实施创新驱动发展的重要部分

习近平总书记指出:"实施创新驱动发展战略,是应对发展环境变化、把握发展自主权、提高核心竞争力的必然选择,是加快转变经济发展方式、破解经济发展深层次矛盾和问题的必然选择,是更好引领我国经济发展新常态、保持我国经济持续健康发展的必然选择。""互联网+"行动计划,带动全社会兴起了创新创业热潮。"大众创业、万众创新",就是要激发出全社会的潜力、活力和创造力,打造发展新引擎,这是国家实施创新驱动发展的重要组成部分。

(二) 创业是实现学生充分就业的重要途径

我国人口众多,就业问题一直是一个涉及民生的大问题。推进大学生创业,一方面有利于解决大学生自身的就业问题,另一方面可为社会衍生新的就业岗位,缓解就业压力。推进大学生创业不仅是解决就业问题的有效途径,也是实现充分就业的一种创新模式。

（三）创业是培养创新型人才的重要举措

高校应加强创新创业教育，完善"创新型人才"培育体系，积极培养富有创新精神的大学生，满足多层次、复合型、应用型人才需求。因此，推进大学生创业是培养创新型人才的重要举措。

（四）创业是促进学生全面发展的重要手段

高校应推进大学生创业，通过对学生实施有效培训，利用课程教学、大赛活动、实训实践等载体构建人才培养体系，增强学生的创业意识，提升其创业技能及素养。对于学生而言，学习创业课程的目的在于熏陶、培育自身的创业意识、创业精神，促进自身的全面发展。

三、创业类型与创业过程

（一）创业的类型

1. 生存型创业

生存型创业是创业者为了生存，在没有其他选择的情况下而进行的创业，显示出创业者的被动性。主要特征表现为：一是生存型创业是面对现有的市场，最常见的是在现有市场中捕捉机会，表现出创业市场的现实性；二是生存型创业从事的是技术壁垒低、不需要很高技能的行业；三是生存型创业者受生活所迫，物质资源贫乏，从事低成本、低门槛、低风险、低利润的创业，往往无力用工。这种生存型企业，起初阶段根本就不需要什么管理，因为什么事都是自己创业者做的，但到后期就需要不断完善管理制度，否则很快就会倒下去。当然能够生存下来的肯定是优秀的企业，毕竟经过磨炼而生存发展壮大起来的企业肯定是有其独到之处的。

2. 机会型创业

选择这种创业类型的创业者其出发点并非为了谋生，而是为了抓住、利用市场机遇。它以市场机会为目标，能创造出新的需要，或满足潜在的需求，因而会带动新的产业发展，而不是加剧市场竞争。机会型创业者拥有更多的创业资金，更关注新的市场机会，选择的行业无论是从资金壁垒还是技术壁垒上看，都远远高于生存型创业者选择的行业。机会型创业者往往期望较高的风险和投资回报。

3. 合伙型创业

合伙型创业由几个情投意合的兄弟、朋友或专业互补型、志同道合的创业者共同创建，创业者们有的是为了生存，有的是为了兴趣，有的是为了梦想，有的也是机缘巧合。总之，合伙型创业，创业者们具有共同的目标，将事业或企业做起来。管理合伙型企业时，创业者应当本着发挥合伙制优势的基本原则，以自身的实际情况为标准，灵活地选择合伙形式。

4. 梦想型创业

选择这种创业类型的创业者执着于心中的梦想与目标，充满超强的激情、活力与精力，其可能没有什么特别的技能与财富积累，只是凭借自己的眼光、思想、特长、毅力与感召力坚持不懈的努力，感召越来越多的志同道合者，聚集越来越多的资源，吸引越来越多的投资商。

5.投资型创业

选择这种创业类型的创业者具有雄厚的资金或资源,又有敏锐的洞察力,凭自己独到的洞察与判断,投资项目,而取得一个又一个的事业成就。投资型企业者很注重制度与规则,重视企业的发展前景。

 案例分享 6 - 2 •••

2009 年,19 岁的张玙璠离开熟悉的武汉,只身前往新加坡求学。"踏上这块异国土地,看着道路旁高大的椰子树,热带的微风吹过,我就在心底告诉自己:新生活开始了,我一定要在这里混出个样来!"

就读旅游管理专业的她,从事的兼职工作中,有很多机会接触新加坡当地企业家。凭着初生牛犊不怕虎的勇敢闯劲,她竟然成了企业家圈子里的小红人。

随着对商业运营模式的熟悉以及慢慢积累起来的人脉资源,还在上大学的她大胆地成立了国际投资联盟和文化公司,为企业家提供投融资和品牌策划服务。张玙璠大学四年赚到 150 万元,凭借自己的实力和果敢挖到人生第一桶金。

2013 年,回国不久的张玙璠发现,很多白领、求职者、学生党们有制作 PPT 的需求。"能不能做一款办公产品,简单、快捷又方便,让职场小白能在短时间内轻松应付各类繁复的 PPT 呢?"张玙璠突然有了这个想法。

当晚,张玙璠就打电话邀请老朋友聚会,围着一锅地道的麻辣小龙虾,几个热血青年人当即拍板:一起做这件事!张玙璠笑称,她的初创团队是"被一锅虾子搞定"的。

与此同时,张玙璠陆陆续续收到许多高薪 offer,但她选择了拒绝,走上了艰难的自主创业之路。"最累的时候,就在办公室打地铺",张玙璠笑谈刚开始创业的那段日子,"家里人开始不支持我,觉得一个女孩子应该选择稳定舒适的工作,但是看着我那么坚持,后来也就默许了。"

作为一家 2014 年才成立的年轻的互联网公司,武汉示界港科技有限公司有着自由而包容的企业氛围。公司除部分资深技术人员外,其余骨干多为"90 后",他们用自己的热情和信心,为"一键生成"注入了新鲜的活力。

付出就会有回报。张玙璠坦言自己是个幸运儿。2015 年,"一键生成"成型,2016 年初登上苹果手机 App 应用市场。"不需要你懂设计、排版,选择自己喜欢的模板填写文字内容,5 分钟就可以轻松地制作一篇高水平的 PPT 演示文稿。"看到她第一次带着自己的项目路演,武汉天使翼创业服务有限公司董事长刘路当场给予其极大的肯定,不到十分钟的时间,当即决定投"一键生成"。

国家对创业的政策支持,权威导师的指点,队友的默契,家人的支持,让张玙璠更加自信。如今"一键生成"第一期已经上线,线上反响热烈。据悉,该项目已获得知名投资机构注资,并申请多项专利,而公司致力于改变当前互联网办公生态、全力打造适合于移动互联网的智能办公新体验的方向也愈发明晰。

思考:张玙璠的创业属于生存型创业还是机会型创业?你认为张玙璠的创业项目生存概率高吗?为什么?

(二) 创业的过程

创业过程是创业者从产生创业想法到创建新企业或开创新事业并获取回报的过程,涉及创业项目选择、评估项目、创业计划、组建团队、寻求融资等活动,可大致划分为创业机会选择、创业资源整合、创办新企业、新企业生存和成长四个主要阶段。

1. 创业机会选择

创业者在创业之前应该了解创业机会,学会怎么去识别、发现、把握和选择创业机会,看准创业机会后再确定创业项目,创业项目的选择将决定未来企业成长的速度与经营情况。

2. 创业资源整合

创业资源包括基本信息(有关市场、环境和法律问题)、人力资源(合作者、最初的雇员)和财务资源等,整合创业资源是创业过程最为关键的阶段之一,是企业快速成长的奠基石。否则,企业的新产品、新服务等,均无法得到实施。

3. 创办新企业

创办新企业是指在识别创业机会后,经过周密的市场调研和资源整合,为将创意、想法变为可实施的项目而创办企业。其中创业计划、创业融资和注册登记尤为关键。创业能否成功,关键看创业者是否有一个周密的创业计划。除此之外,资金往往成为新创企业的"瓶颈",创业融资在企业的创建过程中至关重要。当创业者完成创业计划并获得融资之后,就可以按照法定程序进行注册登记了,这包括确定企业的组织形式,设计企业名称,向工商行政管理机关提出企业登记注册申请,领取《企业法人营业执照》等内容。

4. 新企业生存和成长

新企业成立初期应以生存为首要目标,其特征主要是依靠自有资金创造自由现金流,实行充分调动"所有的人做所有的事"的群体管理,以及"创业者亲自深入运作细节"。新创企业要在市场上取得成功,就需要在企业营销策略、组织调整、财务稳健管理等经营管理方面更上一层楼,这是企业成长管理的重要内容。企业从成长走向成熟的标志之一是能够建设好自己的品牌、形成名牌,在品牌和企业文化等方面形成竞争优势。

 案例分享 6-3 ....

王兴的创业史

王兴,1979 年 2 月出生于福建龙岩。王兴自幼家境优越,但他没有因为优越的家庭条件而放纵自己,从小学习成绩优异,1997 年,王兴被保送到清华大学电子系。他从清华大学毕业后获得奖学金并出国读书。

2004 年初,25 岁的他中断了在美国特拉华大学电子与计算机工程系的博士学业,毅然回国创业。王兴回忆说,"当时除了想法和勇气,一无所有,我读完本科就去了美国,除了同学没什么社会关系,回来后找到了一个大学同学王慧文,一个高中同学赖斌强,三个人在黑暗中摸索着开干了。"

王兴创业的第一个项目叫"多多友",这是一个泛人群的社交网络服务(SNS),上线一年,增长缓慢。他在"多多友"之后又做了第二个项目叫"游子图",游子图可以让在海外的游子把数码照片发到国内,通过信用卡付费,游子图给冲印出来送给他们的父母,这个项目主要针对的海外人群。谈到这两个项目,王慧文回忆说:"那两年我们做了好多产品但从来没去推广。说好听点靠口碑传播,说难听点是压根儿不知道怎么传播。"

2005年秋,王兴决定要专注于一块细分市场:大学校园社交网络服务。他们经过研究和学习,不久便开发出了校内网。校内网发布仅仅三个月就吸引了3万用户,而且增长势头迅猛。校内网在早期没有任何收入,唯一一笔广告收入来自当时清华东南角的阿目眼镜。当2006年校内网的用户量暴增后,王兴没有足够的钱增加服务器和带宽。最终,校内网被千橡集团陈一舟以200万美元收购,校内网后续改名为人人网并从软银融资3.4亿美元,人人网于2011年上市(2018年11月人人网以2 000万美元被出售)。

2007年5月,王兴做出了中国微博网鼻祖饭否网,这也是国内最早的"微博"模式。2009年7月,饭否网的用户量已经有几百万,但是由于一些问题,饭否网被关闭。直到2010年1月,饭否依然开张无望,直到那次年会,当巨大的未知感袭来,团队成员和王兴都纷纷落泪。王兴的母亲回忆这段往事时说:"我很担心王兴,他从小很要强,做事认真,这次对他打击太大,事情做得那么好,却被停了,他的心情可想而知。我要他不要太伤心,他反而安慰我:没事,很快会恢复。"饭否的问题促使王兴开始思考新的产品和模式,这个时候他萌生了创建团购网站的念头。

2010年3月4日,美团网上线并且受到了很多用户的关注。这时国内也出现了很多团购网站,其中拉手和糯米在2010年6月纷纷拿到融资,这意味着,竞争者可以用更快的速度进行市场推广和地面扩张。当时美团10个销售有4个去了糯米团,离开的销售还带走了美团跟万达谈好的单子。这一年王兴每个周六晚上都会给团队做分享,对于美团的成败他看上去很淡定:"创业就像坐过山车,今天低谷,可能明天就上升了。"直到2010年9月,王兴拿到红杉的第一笔投资,美团的第一个生死劫终于跨越过去了。

千团大战期间,很多团购网站砸钱投放广告,很多同事以及投资人都建议王兴也大力宣传,但是王兴顶住压力做出不砸广告的决策。这一决策也帮助美团牢牢地抓住了现金流,在之后的竞争中优势逐渐明显。2011年11月,市场风云突变让美团迎来转机。拉手网上市失败,24券资金链彻底断裂,美团失去了一个劲敌,王兴收购了24券团队的大部分业务。在团购竞争对手遇到资金问题衰退的时候,一直精细化运营的美团迅速而稳健地占领市场。美团不仅从千团大战中活过来,还占领团购行业过半的市场份额,并在2013年年底首度宣布全年赢利。

之后的几年,美团开始进军多个领域。2013年年底,美团外卖上线,与饿了么、淘点点等众多外卖品牌展开厮杀。自2017年王兴更是接连推出美团打车、榛果民宿、美团旅行、掌鱼生鲜等业务。2018年4月4日,美团案例点评宣布以27亿美元全资收购摩拜。

王兴这样总结他正在做的事:"互联网正在改变金融和教育行业,优酷想用互联网改变电视,天猫、淘宝、京东在改变超市和百货商场。美团要做的是通过互联网去改变本地吃喝玩乐产业。从校内到饭否到美团,表面上看做的事情不一样,本质还是相信互联网根本性的变革力量。""创业对我来说是改变世界的方式,我希望活在一个更希望生活的世界里,但我等不及让别人去打造这个世界。""面对一件不满意的事情,有三种选择,一是忍耐,二是走掉,三是去改变它。"

第二节　创业精神及其培育途径

一、创业精神

（一）创业精神的含义

创业精神是指在创业者身上体现出的有组织、积极努力开展活动的精神。创业者往往具有开创性的思想、观念、个性、意志、作风和品质，懂得追求机会、创造价值和谋求成长。

国外学者对创业精神从心理学的角度进行了深入研究，如德鲁克认为创业精神应该是社会所必需的一种创新精神，并且认为正是因为拥有这种创新精神才能推动社会发展。国内学者对创业精神的研究大致可概括为：第一，如果个体表现出创新、承担风险和主动进取的行为，那么他就具有创业精神；第二，创业精神是为了开发机会而集中独特系列资源创造新价值的过程，是通过创新创造表现出来的；第三，创业精神也是创业者在个性方面所具有的独特特征，包括机会捕捉能力、高成就动机、内在控制源等。

（二）创业精神的特征

创业精神具有综合性、整体性、先进性、时代性四大特征。

1. 综合性

创业精神包括拼搏精神、进取精神、合作精神等，这些都是形成创业精神的特质精神。

2. 整体性

无论是创业精神的产生、形成和内化，还是创业精神的外显、展现和外化，都是由哲学层次的创业思想和创业观念，心理学层次的创业个性和创业意志，行为学层次的创业作风和创业品质三个层面所构成的整体，缺少其中任何一个层面，都无法构成创业精神。

3. 先进性

创业精神的最终体现就是开创前无古人的事业，创业精神本身必然具有超越历史的先进性，想前人之不敢想、做前人之不敢做。

4. 时代性

不同时代的人们面对着不同的物质和精神条件，创业精神的物质基础和精神营养也就各不相同。创业精神对创业实践有重要意义，它是创业理想产生的原动力，是创业成功的重要保证。

 相关链接

名人眼中的创业精神

1. 冒险是企业家精神的天性。

——经济学家坎蒂隆

2. 创业者应具备三大素质：一是找准方向，二是强烈的进取心，三是正确面对失败。

——高元坤

3. 企业发展就是要发展一批狼。狼有三大特性：一是敏锐的嗅觉；二是不屈不挠、奋不顾身的进攻精神；三是群体奋斗的意识。

——任正非

二、大学生创业精神的内涵及重要性

（一）大学生创业精神的内涵

大学生只有具有创业精神，才能更好地培养自身的创新意识、创造精神和创业能力，才更有利于毕业后大胆走向社会、自主创业。大学生创业精神的内涵可以概括为：艰苦奋斗、自强不息；善于学习、勤于实践；抓住机遇、拼搏进取；实事求是、敢于冒险；追求卓越、永不止步。

（二）大学生创业精神的重要性

1. 大学生创业精神是促进社会发展的重要动力

随着社会主义经济市场化和经济全球化的进一步推进，人们的生产生活方式、社会关系、价值观念乃至文明形态都在发生着深刻的变化，社会对人才的需求也已发生变化。创业作为经济发展的原动力，是繁荣经济的有效途径之一。通过推动创业可以扩大就业，加速技术创新和科研成果转化，进而创造更多的社会财富，推动社会经济发展，实现发展经济与扩大就业的良性互动。大学生创业精神作为一种积极的思想观念和精神状态，对社会的发展具有十分重要的推动作用。

2. 大学生创业精神是创新型人才培养的需要

创业精神的核心，归根到底是由创业活动的开拓性所决定的。由于创业是一种创造性的活动，它本身就是对现实的超越，就是一种创新。因此，创业就意味着创新，创新就意味着突破，创业精神的培养过程就是培育创新型人才的过程。

3. 大学生创业精神是大学生挖掘自身潜力，发挥更大作用的保证

具有创业精神的大学生，通常具有较强的环境适应能力，在人与环境的互动过程中，能够以前瞻性的思维与眼光作出预测与判断，并及时调整自己的人生目标和行动方案，以与变化着的环境相协调统一，而不是消极被动地等待和忍耐。特别是在知识和技术不断更新、职业岗位不断转换、人际关系不断变化的环境下，大学生更需要具备良好的自我调适能力，具备创业精神，这样才能做到与时俱进，充分地发挥自身的潜能。

三、大学生创业精神的培育途径

国际 21 世纪教育委员会在《教育——财富蕴藏其中》的报告中认为：教育应该促进每个人的全面发展，即身心、智力、敏感性、审美意识、个人责任感、精神价值等方面的发展，青年学生通过大学教育能够形成独立自主、富有批判精神的思想意识，以及培养自己的判断能力，以便由其本人确定在人生的各种不同的情况下其认为该做的事。

（一）建立优秀的校园文化，孕育创业精神

校园文化是学生成长的外部环境。它对学生具有陶冶功能、凝聚功能、激励功能、导向功能。良好的校园文化能够塑造学生的优秀品质，应想方设法将创业精神有机地融入学科活动、科技活动中，以培养创业意识。

(二) 培育创业人格，形成健康向上的创业精神

一些学者在研究中发现，成就最大的人与成就最小的人最明显的差异就是个性方面的不同。高成就者具有谨慎、自信、不屈不挠、有进取心、不自卑等心理特征。这说明个性特征对个体的创业来说是非常重要的，尤其是"独立性""坚持性""敢为性""克制性"等。所以，人格教育对创业精神与创业能力的培养是相辅相成的。依据大学生的心理特点，有针对性地讲授心理健康知识，开展辅导或咨询活动，帮助大学生树立心理健康意识，优化心理素质，增强心理调适能力和社会生活的适应能力，有效消除心理困惑，自觉培养坚韧不拔的意志品质和艰苦奋斗的精神，提高承受和应对挫折的能力。运用创业案例剖析创业者的人格特征和心理学专题、心理训练等，让学生找到形成心理素质与优良人格特征的途径。

(三) 坚持知识、能力、素质的辩证统一，科学地培养创业精神

要培养具有独立创业者精神的新型人才，必须坚持知识、能力、素质的辩证统一。知识是能力和素质的载体，包括科学文化知识、专业基础与专业知识、相邻学科知识。开设相关的创业课程能增加学生的创业知识。能力是在掌握了一定知识的基础上经过培养和实践锻炼而形成的，丰富的知识可以促进能力的增强，强的能力可以促进知识的获取。这里提到的能力主要包括获取知识的能力、运用知识的能力、创新能力。素质是指人在先天生理基础上，受后天环境教育影响，通过个体自身的认识和社会实践，养成的比较稳定的身心发展的基本品质，良好的素质可以使知识和能力更好地发挥作用。

(四) 突出创新能力的培养，提升创业精神

必须突出对学生创新能力的培养，才能适应社会发展对人才的需要。要尊重学生的个性发展，爱护和培养学生的好奇心、求知欲，为学生的禀赋和潜能的充分开发创造一种宽松的环境。要让学生感受、理解知识产生和发展的过程，培养学生的科学精神和创新思维。

(五) 通过实践强化学生的创业精神

创立、创建和完善学生实践活动的外部环境，鼓励学生利用课余时间参加一定的社会实践活动，增强学生对社会的了解并进而加强对社会的适应能力。如开展创业比赛活动、与企业联合开展学生的实习活动。创业精神的培养既取决于客观条件的许可，更依赖于学生主观的努力。高校应营造有利于人才脱颖而出的氛围，创造各种条件，积极培养学生的创业精神。

 实践拓展

创业精神测试

1.【单选题】以下对于创业的认识错误的是(　　　)。

A. 创业的过程本身就是一个冒险的过程

B. 合格的创业者应对所有事物抱有好奇心

C. 合格的创业者喜欢新鲜事物

D. 只要创业意识强就一定能创业成功

2.【单选题】当别人都在抱怨世界对自己不公时,自己却在思考应如何把握自己的前途,而不是把希望放在别人身上或运气上。这种意识称为(　　)。

    A. 独立自主　　　　　B. 掌控命运　　　　　C. 目标导向　　　　　D. 勇于冒险

3.【单选题】对(　　)的敏感程度是衡量一个人是否是合格的创业者的重要标准。

    A. 商业机会　　　　　B. 市场风险　　　　　C. 人际关系　　　　　D. 企业问题

4.【单选题】以下不属于创业者基本能力的是(　　)。

    A. 行动力　　　　　　B. 学习力　　　　　　C. 观察力　　　　　　D. 魄力

5.【单选题】(　　)是一名合格创业者追求的终极目标。

    A. 创业成功　　　　　　　　　　　　B. 成为一名优秀的企业家

    C. 获取大量财富　　　　　　　　　　D. 社会地位提高

6.【多选题】当前"大众创业、万众创新"的背景,为大学生的创业提供了良好的(　　)。

    A. 文化环境　　　　B. 政治环境　　　　C. 经济环境　　　　D. 人文环境

    E. 制度环境

7.【多选题】素质一般分为(　　)。

    A. 思想素质　　　　B. 心理素质　　　　C. 知识素质　　　　D. 能力素质

    E. 身体素质

8.【多选题】一名优秀的创业者应掌握与创业产品有关的知识,这种知识包括(　　)。

    A. 技术知识　　　　B. 行业知识　　　　C. 资本动作知识　　　D. 企业管理知识

    E. 企业财务管理知识

9.【多选题】企业在发展的过程中,由于内部或外部环境不相协调会产生各种问题,创业者会遇到各种打击和挫折,作为企业的掌舵人应对环境的变化(　　)。

    A. 有良好的自我控制能力　　　　　　B. 保持斗志

    C. 漠视　　　　　　　　　　　　　　D. 不轻言放弃

    E. 转移自己的注意力

10.【多选题】一名优秀的创业者应具备的思想素质包括(　　)。

    A. 强烈的事业心　　　　　　　　　　B. 崇高的职业道德

    C. 优秀的人格魅力　　　　　　　　　D. 良好的文化素养

    E. 勤奋敬业的工作态度

 **课堂讨论**

从《中国合伙人》中看创业价值

    影片《中国合伙人》借助我国 20 世纪 80 年代的时代背景,把创业故事展现得淋漓尽致,影片对合伙模式的展现是对创业者非常真实的写照。请同学们观看电影,思考并分析创业对创业者有哪些价值和意义。

第七章　创业团队的组建与管理

第一节　认识创业者与创业团队

在昆明市的一处商业街上,有家十分受食客们欢迎的重庆小面馆。这家面馆是一对来自重庆的夫妇开的。他们在这里做生意已经二十多年了,生意一直十分兴隆。他们积攒了不少积蓄,目前正准备在昆明再开一家面馆。

点评: 你认为这对夫妻是创业者吗? 事实上,关于什么是创业者存在不同的回答。这对夫妻究竟是不是创业者,相信你学习完本节内容就会有自己的答案了。

一、创业者

(一) 创业者的定义

创业者通常是指发现某种信息、资源、机会或掌握某种技术,利用或借用相应的平台或载体,将其发现的信息、资源、机会或掌握的技术,以一定的方式转化成财富、价值,并实现某种追求或目标的人。

也有人将创业者定义为组织、管理一个生意或企业并承担其风险的人。"创业者"的英文单词是"entrepreneur",这个词有两个基本含义:一是指企业家,即在现有企业中负责经营和决策的领导人;二是指创始人,通常理解为即将创办新企业或者是刚刚创办新企业的领导人。

因此,我们认为创业者分为两种,第一种是开办了新企业的人,第二种是通过个人努力在已有的企业或机构中实现人生价值的人。

(二) 创业者具备的特征和能力

创业者的创业活动是一项有组织的商业冒险活动,要求创业者不仅要有创业激情和冒险精神、面对挫折和失败的勇气,以及各种优良的品质素养,还要有解决和处理创业活动中各种问题和挑战的知识和能力。

1. 创业者应具备的特征

(1) 良好的身体素质。

良好的身体素质是成功创业的第一大前提。在创业之初,受资金、环境等各方面条件的限制,许多事都需要创业者亲力亲为,他们要不断地思考,工作时间长,面临巨大的风险与压力,若无充沛的体力、旺盛的精力、敏捷的思路,必然力不从心,难以承受创业重任。

(2) 强烈的创业激情。

要想取得创业的成功,创业者必须具备自我实现、追求成功的强烈的创业激情,克服创业道路上的各种艰难险阻,将创业目标作为自己的人生奋斗目标,不断地去挖掘和寻找创业资源(包括资金、技术、市场团队),不断地去解决经营过程中遇到的各种问题。

(3) 良好的心理素质。

创业能否成功在很大程度上取决于创业者是否具有良好的心理素质。在创业的过程中难免会遇到挫折、压力甚至失败,这就需要创业者具有非常强的心理调控能力,能够持续保持一种积极、沉稳、自信、自主、刚强、坚韧及果断的心态,即良好的创业心理素质。宋代大文豪苏轼说:"古之立大事者,不唯有超世之才,亦必有坚韧不拔之志。"只有具有处变不惊的心态,才能到达胜利的彼岸。

(4) 良好的知识素质。

创业者良好的知识素质对成功创业起着举足轻重的作用。创业者要进行创造性思维、作出正确决策,必须掌握广博的知识,具有一专多能的知识结构。具体来说,创业者应该:用足、用活政策,依法行事,用法律维护自己的合法权益;了解科学的经营管理知识和方法,提高管理水平;掌握与本行业、本企业相关的科学技术知识,依靠科技进步,增强竞争能力;具备市场经济方面的知识,如财务会计、市场营销、国际贸易、国际金融。

(5) 强烈的竞争意识。

随着我国社会主义市场经济从低级向高级发展,竞争愈来愈激烈。创业者若缺乏竞争意识,实际上就等于放弃了自己的生存权利。创业者只有敢于、善于竞争,才能取得成功。创业者创业之初,面临的是一个充满压力的市场,如果创业者缺乏竞争的心理准备,甚至害怕竞争,就只能一事无成。

(6) 强烈的诚信意识。

创业者在创业过程中,要言出必行、讲质量、以诚信动人。如不讲信誉,就无法开创出自己的事业,失去信誉,就会寸步难行。

2. 创业者应具备的能力

(1) 善于经营的管理能力。在创业条件中,最重要的是创业者要具有良好的经营管理能力。经营管理能力是一种较高层次的综合能力,是运筹帷幄的能力。它涉及人员的选择、使用、组合和优化,也涉及资金聚集、核算、分配、使用、流动。作为创业者,只有学会效益管理、知人善用以及充分合理地整合资源,才能形成市场竞争优势。

(2) 规避风险的决策能力。决策能力是一个人综合能力的表现之一。一个创业者首先要成为一个领导决策者,他如同战场上的指挥员,要具有感召力和决策力,要具有统揽全局和明察秋毫的能力。在出现问题时,能比别人更快、更准确地判断问题的所在,并以自己的认识来处理问题是很重要的。

(3) 勇于探索的创新能力。创业者必须具备创新能力,不墨守成规,能根据客观情况的变化,及时提出新目标、新方案,不断开拓新局面。在竞争激烈的市场中,缺乏创新的企业很难站稳脚跟。

(4)建立良好人际关系的交际能力。目前,人脉圈日益成为创业信息、资金、经验的"蓄水池",有时甚至在商业活动中能起到四两拨千斤的神奇作用。扩大社交圈,通过朋友掌握更多信息、寻求更大发展,日益成为成功创业的捷径。

二、创业团队

(一)认识创业团队

创业团队是指为进行创业而形成的集体。它使创业团队成员联合起来,在行为上形成彼此影响的交互作用,在心理上意识到其他成员的存在及彼此相互归属的感受和工作精神。

(二)创业团队具备的要素

创业团队需要具备五个重要的团队组成要素。

1.目标

创业团队应该有一个既定的共同目标,为团队成员导航。没有目标,这个团队就没有存在的价值。

2.人

人是构成创业团队最核心的力量,在一个创业团队中,人力资源是所有创业资源中最活跃的资源和最重要的资源。

3.定位

创业团队的定位包括团队的定位、创业者个人的定位。

4.权限

创业团队当中领导者的权力大小与其团队的发展阶段和创业实体所在行业相关。一般来说,创业团队越成熟,领导者所拥有的权力相应越小,在创业团队发展的初期阶段,领导权相对比较集中。

5.计划

计划是创业团队为实现目标的统一行动方案。团队成员要在可操作的情况下制订计划,安排节点,确保完成目标。

(三)创业团队的优势

(1)优势互补。每个人的能力、性格和品质都会有一些不足的地方,这就需要向其他人学习,取长补短,这样,一个创业团队才能达到接近完美的状态。

(2)是有力后盾。要在高度整合和复杂多变的环境中生存、发展,就必须有一个团队的力量作为后盾。

(3)抗风险能力强。创业人多不仅可以取长补短,还可以分散风险。

(4)更容易成功。因为团队创业具有个人创业所不具备的优势,又符合当今的潮流趋势,所以相对于一个人的创业来说,团队创业更容易获得成功。

(5)符合现代企业发展之路。现代企业大多是由一群人共同发展起来的,单打独斗是难以将企业带入正轨的。

第二节　组建创业团队

一、创业团队组建的原则

（一）目标明确原则

目标必须明确，这样才能使团队成员清楚地认识到共同的奋斗方向是什么。与此同时，目标也必须是合理的、切实可行的，这样才能真正达到激励的目的。

（二）互补原则

动画：如何选择创业合伙人

创业者之所以寻求团队合作，其目的就在于弥补实现创业目标所需能力与自身能力之间的差距。只有当团队成员在知识、技能、经验等方面实现互补时，才有可能通过相互协作发挥出"1＋1＞2"的协同效应。

（三）精简高效原则

为了减少创业期的运作成本，最大限度地分享成果，创业团队人员构成应在保证企业能高效运作的前提下尽量精简。

（四）动态开放原则

创业过程是一个充满不确定性的过程，团队中可能因为能力不足、观念不同，不断有人在离开，同时也有人在要求加入。因此，在组建创业团队时，应注意保持团队的动态性和开放性，使真正完美匹配的人员能被吸纳到创业团队中来。

（五）分工明确原则

创业团队的职权划分是指根据执行创业计划的需要，具体确定每个团队成员所要担负的职责以及拥有的职权。团队成员间职权的划分必须明确，既要避免职权的重叠和交叉，也要避免无人承担造成工作上的疏漏。

（六）管理制度明确原则

创业团队的制度体系体现了创业团队对成员的控制和激励能力，主要包括团队的各种约束制度和各种激励制度。一方面，创业团队通过各种约束制度（主要包括纪律条例、组织条例、财务条例、保密条例等）指导其成员避免做出不利于团队发展的行为，保证团队的稳定秩序。另一方面，创业团队实现高效运作还要有有效的激励机制（主要包括利益分配方案、奖励制度、激励措施等），使团队成员看到随着创业目标的实现，其可以获得多大的利益，从而达到充分调动成员的积极性、最大限度发挥团队成员作用的目的。

二、创业团队组建的步骤

（一）制订战略目标与工作重点

明确自己事业的战略目标与工作重点，至关重要。这对于选择创业合作者、制订团队章程等都起着决定性作用。

（二）创业者自我评估

创业者自我评估主要指就创业者对各项能力、素质以及现有的资源进行自我测评，明确自己的优势与劣势,为后期寻找"相似性"或者"互补性"的团队成员(创业合作者)及补充性的资源,提供重要参考依据。

（三）选择创业合作者

选择创业合作者,要注重两个核心问题。

（1）注重互补性能力组合。在挑选团队成员时,要努力保证所找的对象有助于形成互补性的能力组合,不仅要寻找那些目前拥有未来团队所需要技能的人员,也要寻找那些具备技能开发潜质的人员。这里所提到的技能包括解决问题的能力、决策能力、人际关系处理能力、专业技能等。

（2）人员规模。创业团队规模,一般初期不宜过大,便于股权的分配、内部统一集中管理、达成一致。当然,具体规模应该根据战略目标与工作重点而定。

（四）确定组织架构、职责与权利

在初期,内部的组织架构设计,只要做到简单、高效、便于沟通交流与操作执行即可。同时,明确各自的职责与权利。职责的安排不必一成不变。团队成员可以进行职责轮换,或者几名成员在整个创业过程中共同承担某些职责。这也是高效创业团队的具体体现。

（五）制订组织目标与章程

通过制订组织目标(尤其是短期目标)与章程,统一并确定团队的努力方向、价值取向以及行为规范,确保企业发展不偏离轨道。

第三节　管理创业团队

一、大学生创业团队的管理

（一）树立共同的价值观和创业目标

共同的价值观是创业团队克服困难、取得胜利的内在动力。要使团队所有成员认识到大家是一个命运共同体,共享创业收益,共担创业风险。共同的创业目标是一种有效的协调因素,团队的管理者要跟其他成员共同努力,使团队的目标变成行动计划。目标在团队管理过程中具有特殊的价值,它是全体成员奋斗的方向和动力,也是使全体成员凝心聚力的保障。只有团队成员既了解团队发展的方向,又能在行动上与团队发展方向保持一致,创业才会成功。

（二）合理选择团队成员

建立优势互补的创业团队是人力资源管理的关键。团队是人力资源的核心,"主内"与"主外"的不同人才,耐心的"总管"和具有战略眼光的"领袖",技术与市场两方面的人才,都是不可偏废的。选择团队成员时还要注意个人的性格与其看问题的角度,如果一个团队里能同时拥有能够提出建设性建议的成员和能不断发现问题的成员,将对创业大有裨益。

创业初期,创业团队的成员大多是朋友,但是经过一段时间的磨合,创业团队都要经过一个痛苦"洗牌"的过程,或许有的人不能认同团队理念,或许有的人有其他打算,或许有的人不称职。事实上即使对于最富经验的职业经理人来说最怕的事也是解雇员工。对于创业企业,在创业初期即使很困难也要有果断换人和"洗牌"的勇气。

(三)制订团队管理规则

团队创业管理规则的制订,要有前瞻性和可操作性,要遵循先粗后细、由近及远、逐步细化、逐次到位的原则,这样才有利于维持管理规则的相对稳定,而规则的稳定有利于团队的稳定。初创型公司一开始基本不具备完善的制度,成员在第一阶段均全力以赴做业绩,使公司生存下来。等公司到了一定规模,创业团队就要注意制订各方面的管理规则。

1. 治理层面规则

治理层面规则主要解决剩余索取权和剩余控制权问题。治理层面的规则大致可以分为合伙关系规则与雇佣关系规则。在合伙关系下大家都是老板,大家说了算;而在雇佣关系下只有一个老板,一个人说了算。除了利益分配机制和争端解决机制,还必须建立进入机制和退出机制。没有出入口的游戏规则是不完整的,因此要约定成员退出的条件和约束,以及股权的转让、增股等如何处理。

2. 文化层面管理规则

文化层面管理规则主要解决企业的价值认同问题。企业章程和用工合同解决的是经济契约问题,经济契约不完备的地方要由文化契约来弥补。

3. 管理层面规则

管理层面规则主要解决管理权问题。管理层面的规则最基本的有三条:① 平等原则。即制度面前人人平等,不能有例外现象。② 服从原则。即下级服从上级,行动要听指挥。③ 等级原则。即不能随意越级指挥,也不能随意越级请示。这三条原则是秩序的保障,而秩序是效率的保障。当然,仅有这三条原则是不够的,但它们是最基本的,是建立其他管理制度的基础。

(四)制订团队激励机制

激励机制是使团队保持稳定的利益分配方式。公司股东(也可以是创始人自己)将自己持有的部分股权放入期权池,按照职位的重要程度不同,分批分期地分给关键员工,使员工除拿固定薪水之外,还有机会拿到额外的高额回报。除此之外,这也是将公司的成长与员工的努力紧密联系的手段。在创业的早期阶段,最珍贵的资源就是"团队",对"团队"的激励机制,制订好就能鼓舞士气,增强斗志;制订不好,会使士气衰弱,甚至散伙。由于激励机制问题造成的散伙在创业案例里不胜枚举,也让很多人都感到惋惜。投资人看待激励制度时,往往较为严谨,大部分投资人会要求创始人,在经验丰富的律师指导下,完成公司的激励机制设计和执行。激励机制制订的方法主要有三点:① 对团队的每一个员工做详细的了解和分析,包括职位、性格、能力、家庭背景、学历、个人喜好、职业生涯规划,在此基础上一对一做好相应的激励措施。② 结合每个员工的表现,做出相应的奖励,包括经济奖励、物品福利、休假、升职等。对员工的奖励可以是短期的,也可以是长期的,但要做到一视同仁。③ 对于员工表现退步的情况,要灵活调整激励机制,可以做员工的思想工作或者予以警告,要按照相应的处罚措施来处理。

二、分配团队股权的注意事项

很多创业者在创业之初,对于股权的分配比较迷茫。一个好的股权结构、机制对于创业团队的未来融资、发展决策,甚至创业的成功都起着至关重要的作用。不同类型的创业项目(例如互联网服务业和产品开发类项目)股权分配结构也不尽相同。分配股权时需要注意以下事项:一是确定股权回购制度。很多创业合伙人在加入团队之初就会获得公司股权,但是还没做到两个月就离开了,并且带着股权离开。因此,在分配股权之初就要确定股权回购制度,比如确定共同创业不足三个月而离开,股权无效;公共创业一年,进行有价回购。具体细节需针对公司的构架决定。二是设立期权池。设立一个合理的期权池,对于公司人才的吸引、后期的融资操作具有重大作用。期权池是指在融资前为未来引进高级人才而实现预留的一部分股份,用于激励员工(包括创始人、高管、骨干、普通员工),是初创企业实施股权激励计划普遍采取的形式。硅谷的管理是预留公司全部股份的 $10\%\sim20\%$ 作为期权池,较大的期权池对于员工和风险投资具有更大的吸引力。风险投资一般要求期权池在它进入前设立,并要求在它进入后达到一定比例。由于每轮融资都会稀释期权池的股权比例,因此一般在每次融资时均应扩大期权池,以不断吸引新的人才。三是融资股权稀释。如果团队比较幸运,得到了资本的青睐,获得融资,在资本方案最终被敲定之前,一定要将相关股权稀释、融资文件给独立专业的律师审定,确保没有漏洞。四是尽量一人控股,保持绝对的控股权。掌握团队的绝对发展方向,对于团队执行力的提高、商业模式的确定,以及团队治理、融资具有重要的作用。绝对的控股比例一般是 60% 以上。

三、优化创业团队的方法

(一) 与热爱事业的人一起工作

团队成员不仅要热爱公司,更要热爱事业。创业团队所做的一切事情都是为了公司的发展。创业者想要将自己的企业做成这个行业内的标杆企业,这对于创业团队的要求就更高了。如果团队成员是为了赚钱聚在一起的,那么成功的可能性就要打一个折扣;如果是热爱这份事业的人聚在一起的,那就是另一番景象了。

(二) 推动团队行动整齐一致

要知道在一个创业团队中,大家都是有着一个相同的创业目标的,但这并不意味着团队成员会从同一个方向来完成这个目标。因此,团队成员需要保持一致,并且从一个单一的方向入手。无论是一两个人一起工作,还是一二十个人一起工作,向同一个方向共同努力才更容易成功。

(三) 确保团队坦诚地反馈

如果创业者手下没有人去做有挑战性的事,如果创业者正在扼杀团队的创造力和创新性,抑或创业者刚愎自用,那么创业者将不会有一个积极拼搏的团队。作为领导者,创业者需要重视多元性的思维,重视那些富有经验,并有娴熟技能的员工提出的方法。

(四) 保持稳定而集中的沟通

对于一个团队来说,能进行稳定而集中的沟通十分重要。不管是电子邮件、电话会议、面对面会议还是网络会议,有开放的沟通渠道对公司的成功至关重要。如果没有沟通,就很难保证所有的团队成员有同样的想法和共同的目标。因此,创业者要保证自己的团队能保持沟通和交流。

 实践拓展

活动一:讨论

创业需要精兵强将,需要"高人"。大公司的招聘员工是按照学历、工作经历挑选出来的,而初创企业很难按照大公司的标准选人。选人标准不同,选出的员工其能力、价值观、做事风格、奋斗目标也都大不一样。

请分组讨论:初创企业应按什么样的标准招聘员工?

活动二:冰冻脱险

1. 游戏目的:了解团队合作的意义。

2. 游戏程序:

(1)播放影片《垂直极限》中掉进冰洞的一段。

(2)描述事件情景(如下)。

正如视频演示的场景,假如我们团队的成员被困在一个冰洞里。冰洞的地理位置在珠峰的北坳中,时间是五月份某天的下午四点,洞内气温为零下 35℃,冰洞已被雪封住,上方 50 米处隐隐约约有一些透光,从洞底到洞口的四周是陡壁峭崖。你的团队有一名队员在坠落时严重摔伤,不能动弹。在这种环境下,健康队员一般维持生命的极限时间为 36 小时,但营救队到达出事点需要 35 小时~40 小时。随队员坠入洞中有五个登山包,包括以下物品:一个指南针;五个睡袋;一个打火机;200 米长的尼龙登山绳;四只蓄电池灯;两把冰镐;半瓶朗姆酒;带镜子的安全剃须刀;一部远程对讲机(已部分损坏,只能发出频率信号);十支营养注射液(每支营养液可增加 2 小时维持生命时间);两只小型氧气瓶;一瓶染色剂;一台液化气炉;一个闹钟;一本名为《北方星际》的登山指南书籍。

(3)分组设计逃生方案。从对逃生的重要程度出发,对以上物品进行排序(见评分卡)。

(4)各组制订一个最佳逃生方案,并列出本小组对以上 15 项救生物资的排序意见(按重要程度由低到高的顺序从 1 分至 15 分打分)。

评 分 卡

救 生 物 资	1 个人评分	2 小组评分	3 专家评分	4 1 和 3 评分差	5 2 和 3 评分差
一个指南针					
五个睡袋					
一个打火机					
200 米长的尼龙登山绳					

续表

救生物资	1 个人评分	2 小组评分	3 专家评分	4 1和3评分差	5 2和3评分差
四只蓄电池灯					
两把冰镐					
半瓶朗姆酒					
带镜子的安全剃须刀					
一部远程对讲机					
十支营养注射液					
两只小型氧气瓶					
一瓶染色剂					
一台液化气炉					
一个闹钟					
一本《北方星际》					

（5）讨论：个人决策的缺陷；团队决策的好处；在团队决策过程中要把握的原则。

活动三：无敌风火轮

1. 活动目的：培养学员团结一致、密切合作、克服困难的团队精神；培养计划、组织、协调能力；培养服从指挥、一丝不苟的工作态度；增强队员间的相互信任和理解。

2. 活动道具：报纸、胶带。

3. 场地要求：一片空旷的大场地。

4. 活动时间：10分钟左右。

5. 活动程序：12～15人一组，利用报纸和胶带制作一个可以容纳全体团队成员的封闭式大圆环，将圆环立起来全队成员站到圆环上边走边滚动大圆环。

活动四：坐地起身

1. 活动目的：明白合作的重要性。

2. 场地要求：空旷的场地。

3. 活动时间：20分钟。

4. 活动程序：要求4个人一组，围成一圈，背对背的坐在地上；在不用手撑地的情况下站起来；过程中两人后背不能分开。随后逐渐增加人数，每次增加2人，直至10人。

第八章　创业机会识别与评估

第一节　识别创业机会

一、创意机会与创业机会

（一）创意与机会

1. 创意

创意是一种通过思维创新,进一步挖掘和激活资源组合方式提升资源价值的方法。创意可以理解为"有创造性的想法、构思"。创意源于人类的创造力、技能和才华,既来源于社会又指导着社会发展。

2. 机会

机会指出现了有利局面的情况,如出现了新的选择,营造出新产品、新服务或新业务需求的有利环境。

3. 创意不等于机会

创意可以漫无边际,异想天开,不在意创意的可实现性。机会是指市场上尚未满足的需求,可以通过开发新产品、新服务满足人们的需求。机会源于创意,但必须有可实现性,能够真正为企业带来价值。

（二）创业机会

（1）定义:创业机会是成功创业的条件。有学者认为,机会的最初状态是"未精确定义的市场需求或者未得到利用或未得到充分利用的资源和能力"。

（2）创业机会具有以下特征:

① 普遍性。凡是有市场、有经营的地方,客观上就存在着创业机会。创业机会普遍存在于各种经营活动过程之中。

② 偶然性。对一个企业来说,创业机会的发现和捕捉带有很大的不确定性,任何创业机会的产生都有"意外"因素。

③ 消逝性。创业机会存在于一定的时空范围之内,随着产生创业机会的客观条件的变化,创业机会就会消逝。

二、创业机会的来源

关于创业机会的来源,学界暂未形成共识。有学者认为创业机会有七种来源:意外之事、不协调、程序需要、产业和市场结构、人口变化、认知及意义和情绪上的变化、新知识。也有学者认为创业机会主要来自改变、混乱或是不连续的状况。简言之,创业机会主要来自市场需求和变化,我们认为创业机会来源于问题、变化、竞争、创造发明、新知识等。

(一) 来源于问题

创业成功的前提之一是能满足顾客需求,顾客需求没有得到满足创业就难以成功。寻找创业机会的一个重要途径是找到人们在需求方面的问题或生活中的难处。

(二) 来源于变化

创业的机会大多产生于不断变化的市场环境,环境变化了,市场需求、市场结构必然发生变化。著名管理大师彼得·德鲁克将创业者定义为那些能"寻找变化,并积极反应,把它当作机会充分利用起来的人"。这种变化主要来自产业结构的变动、消费结构升级、城市化加速、人口思想观念的变化、政府政策的变化、人口结构的变化、居民收入水平提高、全球化趋势等方面。

比如随着居民收入水平提高,私人轿车的拥有量将不断增加,这就会派生出汽车销售、修理、配件、清洁、装潢、二手车交易等诸多有创业机会的领域。

(三) 来源于创造发明

创造发明可以提供新产品、新服务,能更好地满足顾客需求,同时也带来了创业机会。比如随着电脑的出现,电脑维修、软件开发、电脑培训、图文制作、信息服务、网上开店等创业机会随之而来,即使你不发明新的东西,你也能成为销售和推广新产品的人,从而得到商机。

(四) 来源于竞争

如果你能弥补竞争对手的缺陷和不足,这也将成为你的创业机会。看看你周围的公司,你能比他们更快、更可靠、更便宜地提供产品或服务吗? 你能做得更好吗? 若能,你也许就找到了机会。

(五) 新知识、新技术的产生

随着健康知识的普及和技术的进步,人们对生活中司空见惯的事物会产生新的认识,这也会带来商机。

三、如何识别创业机会

能够识别正确的创业机会是创业者应当具备的重要能力。虽然在以前的研究中,创业机会的焦点多集中在产品的市场机会上,但是生产要素也存在机会,如新材料的发现。许多好的商业机会并不是突然出现的,而是对于"一个有准备的头脑"的一种"回报"。在机会识别阶段,创业者需要搜寻机会在哪里和怎样去识别。在现有的市场中发现创业机会,是较经济的选择。一方面,它与我们的生活息息相关,创业者能真实地感觉到市场机会的存在;另一方面,由于总有尚未全部满足的需求,在现有市场中创业,能减少机会的搜寻成本,降低创业风险,有利于成功创业。

四、"互联网+"带来的创业机会

随着互联网时代的到来,创业公司与互联网相结合的项目越来越多,这些项目主要体现在技术、模式、理念等方面。

（一）互联网＋工业

"互联网＋工业"将会对传统行业规则进行洗牌。最典型的例子就是小米公司，它很好地融合了互联网和工业，同时告别传统营销模式，通过价值链重构、轻资化、扁平化、快速响应市场来创造新的消费模式。小米通过互联网将产品生产、销售、物流配送、客服都紧密联合起来，统一指挥管理。小米首先通过网络宣传，采用网络预定，可以很好地控制产品库存，防止产能过剩，提高工厂生产效率；其次采用"饥渴营销"模式，间接性的开放购买，且每次都有购买数量限制，给人一种"奇货可居"的感觉，牢牢吸引了消费者的购买意向。小米的口号一直是"和米粉交朋友"，通过网络客服主动和米粉互动，倾听并采纳米粉们的建议，也就是说米粉的声音可以影响到小米公司的战略决策和生产工艺，使小米最大限度地满足消费者的需求，这也使得小米的产品更加个性化。小米手机销售火爆，小米公司快速发展，都是归功于小米公司与互联网的完美结合，最大限度地利用了互联网的优势。

2. 互联网＋农业

"互联网＋农业"的潜力是巨大的，数字技术可以大大提高农业的生产效率，农业信息的网络化将有助于农业生产与市场需求的对接。农民可以通过互联网获取大量的市场信息，掌握农产品价格走势，从而决定种植的重点和方向。

3. 互联网＋教育

21 世纪几乎所有的人和事都和互联网有着或多或少的联系，作为人才培养的教育事业自然也跟上了时代的发展，加强了与互联网的结合。"互联网＋教育"能够使学习更加轻松方便，拓展面也更宽。像有道字典推出的类似在线学英语、口语大师的产品和服务，深度挖掘用户需求，可以实现个性化推荐，让用户根据自身需求来学习。同时基于移动终端的特性，用户可以利用零散的时间来进行学习，这就刚好补充了传统教育的不足。

4. 互联网＋医疗

"互联网＋医疗"的融合，可以实现信息透明化和改善资源分配不均的情况。目前很多医院已经推出了网上挂号和网上预约服务，这样就可以使患者节省很多排队时间，也使医院节约了资源。而可穿戴监测设备这些更加专业的移动医疗垂直化产品将是互联网医疗未来的发展方向之一。

5. 互联网＋金融

互联网金融对我们来说并不陌生，像网上银行之类的工具很多人已经在使用，这就是互联网金融的一种模式，确实给我们的生活带来了很多的便捷。

6. 互联网＋交通和旅游

互联网信息技术的发展对交通和旅游业的影响是很大的。以前我们要坐公交或者出租车出行时，经常遇到在公交站等很长时间没车来，下雨时拦不到出租车的情况。但是现在实时公交应用可以让用户实时查询公交的情况，避免久等；还有一些打车软件的兴起，使乘客只需在软件上预约就可以享受专车的服务，极大方便了人们的出行。旅游软件可以使游客在手机客户端上完成订机票、酒店等操作，让人们出门旅行变得非常方便。

7. 互联网＋文化

21 世纪的文化更需要的是创意、创新。互联网与文化产业的高度融合，将推动产业自身的整体转型和升级换代。互联网与文化结合，会促使服务升级，激发文化消费意愿；

能够消除壁垒,打通文化产业领域的产业链。

8. 互联网＋家居

随着生活水平的不断提高,人们对家居的使用也有越来越高的要求,以前简单的互联操作显然跟不上需求,于是更高大上的"智能化家居"就华丽登场了,成为各大家居企业竞争的重要领域。

9. 互联网＋生活服务

互联网几乎已经渗透到我们现实生活的各个方面,互联网与服务业的结合,可以省略中间环节(中介),让服务公司直接对接消费者。

10. 互联网＋媒体

传统媒体传播形式一般比较单一,用户多数是被动地接收信息。而互联网与媒体融合之后,传播形式和渠道变得多样化,人们的选择也更多。互联网与媒体的结合还加强了与人之间的互动,让人们有更强烈的参与感。

11. 互联网＋广告

互联网的发展在很大程度上对传统的广告公司造成了影响。纸质的、平面的广告受众范围相对较小,宣传效果一般,互联网与广告融合之后,广告的传播形式、传播途径都改变了,最重要的是传播的范围非常广。互联网广告更注重广告创意,只有这样才能吸引消费者的目光。因此,那些以创意和内容为主导的新互联网广告公司,将语境、创意、技术和实效协同起来,将会有巨大的发展潜力。

12. 互联网＋零售

电子商务的快速发展对实体店造成了很大的冲击,深刻地改变着零售业的业态。

第二节　选择创业项目

一、选择创业项目的原则

选择一个好的创业项目至关重要。选择创业项目需遵循的原则有以下三点:

(1) 产品优质。产品质量高,服务有特色。创业者一定要换位思考,只有自己愿意购买的产品,才能让消费者也愿意买单。

(2) 解决目标客户群的痛点。解决消费者痛点的生意,方便人的生意,一定是一门好生意,如共享单车解决了最后一公里的痛点,线上约车解决了打车难的痛点。

(3) 处在市场风口。每一个成功项目,无不是把握住了市场的风口。

 案例分享 8-1 ……………………………………
靠想法拿下天使投资的"日事清"项目
一些有志创业的热血青年经常会问这样一个问题:我这个想法特别好,但现在只有

这个想法,要怎么凭借这一个想法来获得投资?

在当下的资本市场环境里,想要凭借一个想法去融资的人并不少。但创业者在投资会谈上,如果不能提供产品、案例和数据来佐证你的创业想法,那么,这个想法在投资人的眼里就是毫无价值的空想,很难获得成功。

"日事清"创始人叫刘磊,他在 2011 年开始创业,起步时公司的主营业务是给一些大中型企业做定制化软件开发,如工作流、生产管理的系统。团队从原先的 2 个人发展到 2013 年的 8 个人。在实际运营的两年里,刘磊深刻地体会到,随着互联网的发展,客户对企业应用软件的体验要求越来越高。但使用定制化开发软件的客户往往支付不了合适的费用,资金的限制又使得公司没有充足的时间去打磨产品。所以定制化软件这个行业,市场会越来越小。于是在 2013 年 8 月,刘磊与团队决定转型做一款新的企业应用产品。

2013 年的时候,企业服务软件还没有兴起,很多职员都在用 Word、Excel 写工作日报、工作周报、工作计划,刘磊与团队在接触企业的过程中发现了这个需求点。

这种方式处理起来非常麻烦,如果一个经理手底下有 7 个员工,那他每周则需要打开 7 封邮件、7 个 Excel 表格才能知道所有下属员工的工作情况,如果需要回复,那就更令人头疼了。刘磊和团队经过研究和分析,决定在此基础上开发一套工作计划与任务管理系统——"日事清"。定下想法之后,他们着手写了一份融资计划书,就去寻找投资人了。刘磊陆续地见了好几个投资人,得到的答复都是一样的:不知道他们描述的这个应用和市场上的办公自动化软件有什么不同。无论刘磊与团队怎么描述,怎么解释,投资人都听不明白。为什么?因为产品既没有样板,也没有用户数据,和别的软件有什么不同,又有什么竞争优势,这些都无法直观地呈现出来。在这种情况下,刘磊与团队意识到,必须先把产品样板做出来才行。后来,经过 3 个月的奋战,他们终于做出了一个产品样板。手里有了样板,刘磊再去寻找融资就顺畅了许多,在 2014 年 4 月,他们终于拿到了 30 万元的种子投资。

到了 2015 年 3 月,"日事清"的用户开始实现自增长,更重要的是逐步有了一些付费用户。进入运营之后的刘磊与团队,在发展过程中继续融资时,项目展示环节做得更加专业了,可以用数据打动投资人,同时,对于"日事清"的定位和发展,也梳理得更加清楚。

思考:

1."日事清"项目的痛点是什么?

2.为什么创意最开始未被投资人认可?刘磊如果一直靠一个想法去找投资,你觉得他会成功吗?为什么?

二、大学生选择创业项目的方法

第一,选择的创业项目必须符合你所在的地区的消费需要,这点可以通过自己的调研来完成,研究好自己所在地的消费习惯,然后自己开始选择某一个项目。

第二,如果选择创业,就要选择自己喜欢的一类事业,对创业的行业有兴趣,才可以专心地投入进去,有了兴趣,潜力才可以被发掘出来。

动画:如何选
择创业项目

第三,选择创业项目时必须选择竞争压力相对小的行业,也就是说可以调研所在的地方有什么行业比较少,或者有什么行业别人还没有做。

第四,创业者应选择需求高的消费品作为创业项目,这样你做起生意来自然会容易很多。

第五,开始创业的时候要选择投资成本比较低的一些行业,这样的行业对于初期创业是风险较低的。

第六,选择风险小的项目也很关键,这样可以有效降低投资风险。其实,风险小的项目就是选择客户认知度较高的项目。

第七,创业者可以先选择网上店面,这样可以有一段时间的训练,而且投资成本很小,不会影响你的计划,之后可以考虑开一个实体店面。

第八,创业的初期要学会经营的技巧,用认真选择的产品和技术来占领市场。

 案例分享 8 – 2 ·······

吃喝茶山刘:用免费模式取代实体校园周边卡

不知道上大学的时候你有没有买过学校周边商铺的实体会员卡。一些学生或者社团和校园周边的各个商家谈下优惠合作(比如凭这张卡买某家店的奶茶可以优惠 1 元),然后再将每张会员卡以 10 元、20 元的价格卖给在校学生,从而获取收入。微信公众号"吃喝茶山刘"的创始人想取代的就是这种商业模式。

"吃喝茶山刘"有两个功能,其一为"折扣",即把实体会员卡数字化为虚拟会员卡,当学生到某家店消费时,打开"吃喝茶山刘"公众号找到该商家便可以得到折扣。

创始团队成员刘红材说,前期他们先以免费拉入合作商家,并同时免费向学生开放的方式运营。通过产品上线前和上线后的营销(比如朋友圈收集点赞数),让公众号先积累足够多的关注度。项目上线一个星期拿到了全校 60% 的学生用户,这之后他们就拥有了相对于商家的话语权,可以根据粉丝数来向想入驻的商家收取入驻费用(10%),还可以通过向用户推送某个商家新上线或做活动等信息来收取广告费用。

用第一个功能给公众账号增加人气迈过冷启动阶段后,"吃喝茶山刘"公众号开通了可以带来利润的第二个功能:外卖,由商家入驻,平台收取订单提成(10%)。他们选择的都是原本便配有外卖人员的商家,不过目前他们也正在建设自己的物流团队,计划从不同商家处拿到外卖后统一送出,避免不同商家各自配送时同时送往一个地区带来的人力浪费和低效问题。

"吃喝茶山刘"团队设想的发展方向是向其他学校复制以寻求规模化。"其他学校我们都是找不会技术的团队合作,他们是纯粹做商业的,拉商家、做推广",刘红材说,"现在还没有人做这个项目,如果我们线下的团队能快速地把商家拉过来,快速地占领这个学校 50% 的用户,其他人就很难做起来了。"

刘红材并非没有担心,这种落地的电商必须有一个地推团队,但商业策划和营销未必是他们这种财经类专业以外的团队擅长的。所以他们正在想一个可以复制的模式,怎么和每个学校当地的一个小组合作,就能把这个学校的市场迅速打开,把用户推上去。

就在"吃喝茶山刘"团队准备大干一场的时候,市场发生了变化,随着他们团队的曝光,项目被快速复制,其他高校创业团队都在模仿他们的做法,进入市场的空间越来越小,反而竞争越来越大,美团、饿了么巨头的挤压,市场空间更小。最后就在毕业临近期,刘红材把项目转了出去。"吃喝茶山刘"已变为普通的校园公众号,不复原来的风光了。

思考:

1. 你认为"吃喝茶山刘"选择的创业机会除他们自己分析的优劣势之外,他们还存在哪些优劣势?

2. 假如你是"吃喝茶山刘"的创始者,你会如何规避项目风险?

 案例分享 8-3

We 信水果帮:自己走通水果电商的进货、仓储、分拣、配送环节

华中科技大学大四的学生黄铁森尝试在微信上做水果电商,以"个"为单位把水果卖给懒得出门的同学,自己走通从进货、仓储、分拣到配送的环节。

有次他去水果批发市场进货,要进五箱苹果,老板只给他验了一箱的货,回去发现后面几箱苹果都是烂的、开裂的次品。但即便如此,他也无法要求每箱货品都拆开,这样可能会让果行老板不高兴,不做他的生意。量不大的情况下,和这些老板打交道就是困难的,如果不能让他们看到实际的利益、看到进货者可以成为他们的长期客户,面对他们时就没有议价能力。

"最初很生疏,别人会觉得你还是个学生嘛,很无奈的情况。差不多跑了大半个月,后面就很熟练,现在像老油条一样。"黄铁森说:"你每天去的时候会面临市场的动态变化。价在变化,质量也在变化。这三家是今天进的货,那三家是前天进的货。所以现在我会选择几家,但不会固定买某一家。"

如果说进货只需要逐渐摸清水果批发市场的规则就能熟练起来,水果的分拣、配送问题就不是可以轻易解决的了。黄铁森说,在分拣没有形成一套规则的时候,五六个人忙一天,才能分拣一千元订单的量,可能还面临各种差错。

但现在他们将拣货、发货的过程分拆、优化之后,三个人就可以处理四千元的量。他们是按照以下的方式来提高效率的。

(1)预挑选。将水果套餐在商城里进货时就预先挑选好并打包。

(2)订单按区域分类。由于送货地点的不同对订单处理时间有要求,一般送达时间长的订单,额外分出来。这个环节由后台管理员来做,在打印完订单之后自行分类。

(3)工作台打包。打包人员拿到纸质订单,一般会三个订单一起处理,将手头三个订单所需要的水果全部放到工作台上。然后在台上按照订单单个打包水果并贴上小票、订单号等标识。他们现在一共有三个工作台,平均订单处理速度为每小时 40 单。在繁忙的时候,除三个打包人员之外,他们会安排一个传货的人,给三个工作台的人传送水果,省去打包人员来回走动的耗时。

（4）分区域配送。订单分拣在打包完了之后，分拣员会将在打包台上打包完成的所有货物拿出，按照订单区，分发到不同的装货箱，最后由外送人员送出。卖了几个月水果，黄铁森说他现在最大的感悟是"应该以物流的思路去做电商——不仅仅是以物流的思维做水果配送，而是任何电商都应该以物流与供应链的思维去做，这样才能称得上是电商。因为电商需要'量'，要承受住大量就必须使物流规范化"。

思考：在以上案例中，黄铁森的创业项目核心优势在创业前后阶段发生了哪些变化，请谈谈你的看法。

三、互联网时代适合大学生创业的领域

（一）专业领域

专业领域即自己的所学专业或与所学专业相关性高的领域，在此领域内创业，能够活用自己所学的知识，使自己的企业更快地进入创业稳定期。

（二）互联网领域

现在的大学生接触最多的就是互联网，尤其是计算机专业的学生对互联网商业模式和现状也有一定的认知和理解，利用互联网创业是不错的选择。

（三）连锁加盟领域

连锁加盟创业，对于大学生来讲不需要太多的经验，只要按照品牌的技术、营销、产品、设备优势便可自主创业。但在市场竞争异常激烈的情况下，创业者要对加盟的品牌进行深入的调研、评估，规避风险。

四、评估创业项目

对于一个创业项目应从以下几个方面进行评估。

（一）市场定位

一个好的创业项目，必然具有特定市场定位，专注于满足顾客需求，同时能为顾客带来增值的效果。因此评估创业机会的时候，可由市场定位是否明确、顾客需求分析是否清晰、顾客接触通道是否流畅、产品是否可持续衍生等，来判断创业机会可能创造的市场价值。创业带给顾客的价值越高，创业成功的机会也会越大。

（二）市场结构

创业者要对市场结构进行分析，包括进入障碍、供货商、顾客、经销商的谈判力量、替代性竞争产品的威胁，以及市场内部竞争的激烈程度。由市场结构分析可以得知新企业未来在市场中的地位，以及可能遭遇竞争对手反击的程度。

（三）市场规模

市场规模大小与成长速度，也是影响新企业成败的重要因素。一般而言，市场规模越大者，进入障碍相对较低，市场竞争激烈程度也较低。另外，一个十分成熟的市场，纵然市场规模很大，利润空间也必然很小。反之，一个正在成长中的市场，通常也会是一个充满商机的市场，所谓水涨船高，只要进入时机正确，一定有获利的空间。

（四）市场渗透力

对于一个具有巨大市场潜力的创业项目,评估其市场渗透力(市场机会实现的过程)是非常重要的。聪明的创业者知道选择在最佳时机进入市场,最佳时机就是市场需求正要大幅成长之际。

（五）市场占有率

创业机会预期可取得的市场占有率可以显示这家新创公司未来的市场竞争力。一般而言,成为市场的领导者需要至少拥有 20% 的市场占有率。但如果低于 5% 的市场占有率,则说明这个新企业的市场竞争力不高,自然也会影响未来企业上市的价值。尤其是高科技产业,新企业必须拥有成为市场前几名的实力,才比较具有投资价值。

（六）产品的成本结构

产品的成本结构,也可以反映新企业的前景。例如,从物料与人工成本所占比重、变动成本与固定成本的比重,以及经济规模产量,可以判断企业创造附加价值的幅度以及未来可能的获利空间。

（七）资本市场活力

当新企业处于一个具有高度活力的资本市场时,它的获利回收机会相对也比较高。不过资本市场的变化幅度极大,在市场高点时投入,资金成本较低,筹资相对容易。但在资本市场低点时,投资新企业开发的诱因则较低,好的创业机会也相对较少。不过,对投资者而言,市场低点的成本较低,有的时候反而投资回报会更高。一般而言,新创企业拥有活跃的资本市场比较容易创造增值效果,因此资本市场活力也是一项可以用来评价创业机会的外部环境指标。

（八）退出机制与策略

所有投资的目的都在于回收,因此退出机制与策略就成为一项评估创业机会的重要指标。企业的价值一般也要由具有客观鉴价能力的交易市场来决定,而这种交易机制的完善程度也会影响新企业退出机制的弹性。由于退出的难度普遍要高于进入,所以一个具有吸引力的创业项目,应该要为所有投资者考虑退出机制,以及退出的策略规划。

 实践拓展

活动一：有个人买了一幢房子

活动形式:先以个人形式完成,然后分成 3~5 人一组进行讨论。

活动时间:15~30 分钟。

活动目的:让学员将问题分解成符合逻辑的若干部分,然后分别加以解决。

"有个人以 60 000 元买了一幢房子。过后不久,他又把这幢房子以 70 000 元卖了,搬到另一个城市去了。过了几个月,这人又回到了这个城市,买下了同一幢房子,这回他花了 80 000 元。后来他对这幢房子厌倦了,就以 90 000 元把它卖了。"

问题:在这个交易中,这人赢利了多少? 或是亏损了多少? 或是持平?

先请学生分别计算这个问题,然后将全体学生 3~5 人一组分组,将小组成员的答案收集起来进行讨论。最后请每个小组计算一下,以下哪个答案支持数量最多：① 赢利:

20 000 元;② 赢利:10 000 元;③ 持平;④ 亏损:20 000 元;⑤ 亏损:10 000 元;请思考:在解决这个问题时,我们为什么会犯错?为什么小组讨论能大大提高回答的正确性?这个案例包含了哪些基本常识?

活动二:创业想法及初步评估

请同学们仔细思考、观察大学校园的创业机会,记录下来,通过小组讨论的方式,分享彼此的思考成果。

小组讨论后,选出你觉得最可能实施并会成功的想法。

请从市场规模、资金需求毛利率、成本结构、门槛限制、竞争性、缺陷、可控性等方面评估你这个想法是否有好的创业机会。

 ## 课堂讨论

留心观察不难发现,如今在城市里,想要找家裁缝店很难,但要找家布艺店很容易。不都是裁缝干的活吗?为何裁缝店纷纷改成布艺店呢?

家住北京的刘女士是位有着 20 余年缝纫经验的老裁缝,10 年前,她在管庄开了家 10 多平方米的裁缝店,凭着手艺吃饭。"起初,大家都愿意买布做衣服,那时我一个人都忙不过来,还请了两个小工。"刘女士说,创业初期的成功让她喜出望外,并请人将小店装饰一新。不过好景不长,没过几年,裁缝店的生意就逐渐冷清了下来,一个月才能接 10 多单生意,就连当时 500 元的店面费都挣不到,这令刘女士很发愁。

刘女士不得不辞退了小工,静下心来走访批发市场、布艺城。连转了 3 天布艺城,看到家纺用品、窗帘布艺店在布艺城里遍地开花,生意也很是红火,她有了新想法。于是,她东拼西凑筹集了一笔资金,并重新找师傅学习了家纺用品的缝纫技巧,毅然将裁缝店改为布艺店。

虽然是小本创业,员工素质却不能含糊。刘女士雇用了两位年轻的售货员小姐,亲自培训她们布艺产品的销售知识。她又通过网络搜索,找到了几家销售个性布艺产品的知名供货商,给小店补充了包括浴衣、枕头、拖鞋、毛毯在内的布艺产品。正式开业当天,她精心挑选了一批刺绣被套单件,成本低而具备品牌特色,以超低单价卖给顾客,并把该品牌获奖的"拳头"产品铺在进店的位置。由于该类图案花色极少出现,很多女性立即被吸引了过去,逐渐成为店里的熟客。"抓住商机就成功了一半。"刘女士说,家居行业有"重装修、轻装饰"的规矩,偌大的新房,人们总觉得缺乏一种"家"的感觉,她恰恰找准了从"轻装饰"到"重装饰"这种转变之间的商机。自改成布艺店以来,生意又回到了红火状态,一间不到 20 平方米的小店,每月净利润在 5 000 元以上。"现在,我每天躺在床上都不停地想,还需要配备什么,才能完全吸引一个家庭主妇的眼光。"也正是刘女士的精心打理,她的小店虽小,但能提供的餐桌布却达 30 多个品种。各种地垫、靠垫、床上用品等所有的品种加起来有上百种。

讨论:刘女士的创业机会是来自什么方面的变化趋势?

第九章　商业模式

第一节　认识商业模式

　　重庆市某高职院校,所在地区交通不便,信息相对落后,缺乏成熟完整的工业体系,物流成本高,多年来导致该校创业孵化基地电子商务方面的产业发展一直不温不火,难以突破瓶颈。从 2021 年开始,学校调整思路,探索新的商业模式,采取"校政企"合作,开创"电商精英班"产教融合模式,一方面通过争取政府采购的方式,承办农村电商人才培训,获得政府补助;另一方面,遴选引进全国知名电商企业驻校对学员进行培训。合作企业配备五名以上技术骨干进驻学校,开展电子商务技术培训和创业指导。企业为学生提供 10 种以上实践产品,策划"双十一""双十二"等营销活动,确保每期学员结业时月净利润至少达到 3 000 元。同时,企业负责培训学员网店运营,建立电商产品供应链体系,把当地农副产品纳入培训班产品销售,并负责市内外电商产品的选品和调运,满足学员和孵化企业的电商销售需要,每期至少培育电子商务平台注册企业 50 个。

　　目前,按照"校政企"合作协议,首期培训班于 2021 年 9 月开班并结业,第二期、第三期培训正紧锣密鼓进行中。首期培训班有学员 40 人,其中在校大学生 30 人,地方政府推荐的社会青年 10 人。首期培训班已结业,两个月销售出单 23 051 单,累计销售额 495 300 元,净利润 264 800 元,人均净利润 6 620 元。注册运营网店店铺 57 家,孵化电子商务企业 30 家,带动就业 200 余人。

　　点评:商业模式对于企业而言至关重要,一个符合自身特点和市场规律,能够为企业创造价值和带来利润的商业模式可以促进企业的发展。初创企业必须认识和掌握商业模式设计、评价、检验和完善的知识,并了解当前主要的商业模式,不断创新自己的商业模式,提升核心竞争力和竞争优势。

一、商业模式的含义

　　美国管理学家彼得·德鲁克指出:当今企业之间的竞争,不是产品之间的竞争,而是商业模式之间的竞争。作为企业存在的最基本要素,商业模式已经成为创业者和风险投资者经常提到的一个重要名词。

商业模式是一个非常宽泛的概念,哈佛商学院将商业模式定义为"企业赢利所需采用的核心业务决策与平衡"。使用较为普遍的一个定义是:为实现客户价值最大化,把能使企业运行的内外各要素整合起来,形成一个完整的高效率的具有独特核心竞争力的运行系统,并通过最优实现形式满足客户需求,实现客户价值,同时使系统达成持续赢利目标的整体解决方案。还有一种说法是:商业模式是企业为了最大化企业价值而构建的企业与其利益相关者的交易结构。

二、商业模式的本质

从本质上看,商业模式是一系列制度结构和制度安排的综合体,其核心在于企业组织的价值创造机制,是企业各种策略运用的结合体和组合表现形态,它关注的是如何通过有效的策略组合进行价值创新和系统运营,从而构建企业的核心竞争力和竞争优势,最终为企业创造价值和利润。

商业模式的内在范围涵盖了企业的整个运营流程,它是一个整体的、系统的概念,而不仅仅是企业运营过程中的一个单一的环节或是一个单一的组成因素,是由包括融资、研发、生产、营销等相关联的价值活动所构成的,它是企业构造价值链的方式。

创业者在创办一个新的企业组织时,必然需要选择一种相对成熟的商业模式进行应用或者创造一种全新的商业模式,前者相对而言风险更低,但所面临的市场竞争会更加激烈,后者对于创业者的要求更高、市场风险更大,而一旦成功所能创造的价值往往会远大于前者。因此,大量的创业者在进行创业活动时,通常会花费大量精力来构思和打造适合自身项目的商业模式。

商业模式是连接客户需求与企业价值的桥梁。商业模式为企业的各种利益相关者,包括投资人、供应商、客户、合作伙伴、企业内的部门负责人和员工等提供了一个将各方交易活动相互联结的纽带。一个好的商业模式最终总是能够体现为获得资本和产品市场认同的独特企业价值。

商业模式的核心三要素是客户、价值和利润。一个好的商业模式,必须回答以下三个基本问题:① 企业的客户在哪里;② 企业能为客户提供怎样的(独特的)价值和服务;③ 企业如何以合理的价格为客户提供这些价值,并从中获得企业的合理利润。

三、商业模式画布

商业模式画布是商业模式设计中常用的工具,是一种关于企业商业模式的思想,直观、简单、可操作性强。商业模式画布按照一定的顺序被分成九个方格(图 9-1),其内容如下。

(一) 客户群体

客户群体即企业所瞄准的消费者群体。这些群体具有某些共性,从而使企业能够针对这些共性为其创造价值,解决这些群体的痛点。

(二) 价值服务

价值服务即企业通过其产品或服务所能为消费者提供的价值。价值服务体现企业对消费者的实用意义。

（三）渠道通路

渠道通路即企业用来接触消费者的各种途径。这里阐述了企业如何开拓市场,涉及企业的市场和分销策略。

（四）客户关系

客户接触到企业的产品或服务后,企业和客户之间应建立怎样的关系,是一锤子买卖还是长期合作,客户关系需要进行精心维护。

（五）收入来源

企业怎样从提供的产品或服务中取得收益,直接或间接,有时候企业的收入来源可能源自隐形的客户而非直接客户。

（六）核心资源

为了提供并销售这些价值,企业必须拥有的资源,如资金、技术、人才,核心资源在一定程度上决定企业的核心竞争力。

（七）关键业务

商业运作中必须从事的具体业务,在一定程度上决定商业运作的结果。

（八）重要合作

哪些人或机构可以给予战略支持。

（九）成本结构

你需要在哪些方面付出成本。

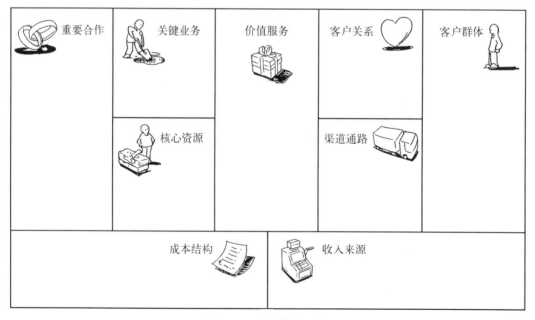

图 9-1　商业模式画布

在设计商业模式时,可以按照图 9-1 的顺序依次在九个方格里填写内容,最好是以便笺纸的形式,每张便笺纸上只写一个点,直到每个部分拥有大量可选答案。然后,摘掉想法不好的便笺纸,留下最好的那些,最后按照顺序让这些便笺上的内容互相产生联系,就能形成一套或者多套商业模式。

第二节　商业模式的设计与评价

一、商业模式的设计

商业模式的五大要素包括:① 利润源——客户是企业获得利润的源泉;② 利润点——为企业带来利润的产品或服务;③ 利润杠杆——生产产品或服务的运营活动;④ 利润渠道——产品或服务的供应和传播渠道;⑤ 利润屏障——保护产品或服务的战略控制活动。

商业模式就是以上述五大要素中的一个或两个要素为核心,使五大要素相互协同的价值创造系统。无论是设计还是完善商业模式,都必须围绕以上要素,遵循商业模式设计完善的五步法,具体方法如下。

(一) 界定和把握利润源——客户

企业利润源是指购买企业产品或服务的客户群体,它们是企业利润的唯一源泉。企业利润源及其需求的界定,决定了企业为谁创造价值以及创造什么样的价值。企业客户群分为主要客户群、辅助客户群和潜在客户群。优质的目标客户群,一是要有清晰的界定,没有清晰界定的客户群往往是不稳定的;二是要有足够的规模,没有足够的客户群规模,企业的产品市场规模必然受到局限;三是企业要对客户群的痛点、需求和偏好有比较深入的认识和了解。

设计商业模式的时候,首先需要分析客户需求,这样做的目的就是要为产品寻找能够比较容易呈现价值的客户群。一般来说,企业赢利的难度并非在技术与产品端,主要还是在客户端,有时纵然是把握好企业客户的一点点需求,也可能产生巨大的客户价值,而错误地判断客户需求,可能导致企业难以获取利润。

分析和把握客户需求,并寻求产品在市场中的最佳定位,是设计商业模式的一项首要工作。要想准确把握客户需求,则需要进行大量的市场调研和数据分析,并需要创业者具有良好的市场眼光和判断能力。

(二) 不断完善企业利润点——产品

利润点是指企业可以获取利润的、目标客户购买的产品或服务。利润点决定了企业为客户创造的价值是什么,以及企业的主要收入及其结构。

好的利润点是客户价值最大化与企业价值最大化的结合点,它要求:一要针对目标客户清晰的需求偏好;二要为目标客户创造价值;三要为企业创造价值。有些企业的产品和服务或者缺乏客户的针对性,或者根本不能创造利润,这就不是好的利润点。

客户的需求不是一成不变的,因此产品和服务也需要根据目标客户需求的变化进行迭代更新,以保证利润点的持续和稳定。

(三) 打造强有力的利润杠杆——构筑商业模式内部运营价值链

规划商业模式内部运营价值链是商业模式设计与完善的重要内容,它决定了产品或服务是否为企业带来价值和带来价值的多少。企业利润杠杆主要包括以下几种：组织与机制杠杆、技术与装备杠杆、生产运作杠杆、资本运作杠杆、供应与物流杠杆、信息杠杆、人力资源杠杆等。这些内部运营活动可以清楚地界定企业的运营成本及其结构，以及计划实现的利润目标。将没有竞争优势的企业内部价值链环节外包，是打造利润杠杆的一条有效途径。很多企业意识到在一个非常长而复杂的企业内部价值链上，自己也许只能在价值链的某几个环节具有高度竞争力，想要在所有环节上都具有竞争力是不太可能的，而且要维持所有环节的良好运作，也需要企业具有极强的运营管理能力，消耗大量管理成本。因此企业应该寻找到企业内部价值链中的优势环节，把企业定位在那个位置，将其他部分外包给别的企业，从而使利润杠杆更加有力。

同样的产品，由于利润杠杆不同，或者说由于商业模式内部运营价值链的差异，导致产品的成本迥异，一个企业可能赚钱，另一个企业可能亏损。这足以说明，利润杠杆在很大程度上决定了企业利润的多寡。

（四）疏通拓宽利润渠——构筑商业模式外部运营价值链

利润渠道，即企业向客户供应产品和传递产品信息的渠道，是商业模式得以正常运作的必不可少的外部价值链。产品或服务的价值传递是企业把产品和服务传递给目标客户的分销和传播活动，目的是便于目标客户购买和了解企业的产品或服务。

无论企业的产品或服务多么的优质，多么符合客户群体的需求，如果不能顺利地将产品信息传递给客户，客户无法进行购买，则无法实现企业价值和客户价值的有效链接，企业将无法获取利润。因此，建立、疏通和不断拓展利润渠，是商业模式外部运营价值链中十分重要的环节。

（五）建立有效保护利润的利润屏障

利润屏障是指企业为防止竞争者掠夺本企业的目标客户，保护利润不流失而采取的战略控制手段。利润杠杆是撬动"蛋糕"为我所有，利润屏障是保护"蛋糕"不为他人所动。比较有效的利润屏障主要有建立行业标准、控制价值链、领导地位、独特的企业文化、良好的客户关系、品牌、版权、专利等。

商业模式的设计对于创业企业而言非常重要，但并非设计完成一种商业模式后就一定能够在商业运行中获得成功。商业模式是一种企业创造利润的思维方式，虽然有许多不同的创造利润方式，但每个企业最终只会从中选择一种方式，而企业管理者的主导思维架构将是决定商业模式的主要因素。初创企业面对的是一种不确定的未来环境，也无法全盘获取市场信息，因此没有一个商业模式能确保未来利润一定会被获得，也没有所谓的最佳的商业模式。创业者在设计与执行商业模式的时候，一定要保持未来需要及时调整商业模式的心态。

二、商业模式的评价

（一）商业模式的设计评价

一个成功的商业模式，通常需要具备某些能够为企业创造价值与核心竞争力的特点，这些特点往往影响着创业企业的发展前景，而商业模式往往不是一蹴而就的，需要经过评价和不断完善。通常应从以下几个方面来评价商业模式的设计。

1. 商业模式的适用性

适用性是商业模式的首要前提。由于企业自身情况千差万别,市场环境变幻莫测,商业模式必须突出一个企业不同于其他企业的独特性。这种独特性表现在它怎样为自己的企业赢得客户、吸引投资者和创造利润。严格地说,一个企业的商业模式应当仅仅适用于自己的企业,而不可能为其他企业原封不动地搬过去。商业模式没有好坏之分,只有是否适用的区别。适用的就是好的,能够在企业成长过程中长期适用就是对于本企业而言很好的商业模式。

2. 商业模式的有效性

有效性是商业模式的关键要素。在经济全球化、信息化的今天,无论哪个行业或企业,都不可能有一个单一的、万能的商业模式,用来保证自己在各种条件下均产生满意的财务结果。评价商业模式的好坏,最根本的一条在于它的有效性。有效的商业模式是企业在一定时期、一定条件下,能够选择为自己带来最佳效益的有效赢利战略组合。

根据研究分析,这种赢利战略组合应当具有以下三个共同特点。

(1) 能提供独特价值。这个独特价值可能是新的思想,也可能是产品和服务独特性的组合。这种组合要么可以向客户提供额外的价值,要么能使客户用更低的价格获得同样的价值,或者是用同样的价格获得更多的利益。

(2) 难以模仿。企业通过确立自己与众不同的商业模式,如难以模仿的技术、无与伦比的实力,来提高行业的进入门槛,从而保证利润来源不受侵犯。

(3) 实事求是。实事求是就是脚踏实地,就是把商业模式建立在对客户需求的准确调研和理解上,对市场环境的准确分析上,对竞争对手的客观评价上。

所以,有效的商业模式是丰富和细致的,它的各个部分要互相支持和促进,改变其中任何一个部分,它就会变成另外一种模式。其中一个部分出问题,就可能影响它的有效性。

3. 商业模式的前瞻性

前瞻性是商业模式的灵魂所在。商业模式是为企业的经营目标服务的,一个好的商业模式要和企业的长期经营目标相结合。商业模式实际上就是企业为达到自己的经营目标而选择的运营机制。企业的运营机制反映了企业持续达到其主要目标的最本质的内在联系。企业以营利为目的,它的运营机制必然突出确保其成功的独特能力和手段——吸引客户、员工和投资者,在保证赢利的前提下向市场提供产品和服务。但是,仅仅如此是不够的,因为这些只能满足当前时期的外在环境和内在因素,而商业模式的灵魂和活力在于它能够符合未来的变化和预期,即前瞻性。也就是说,企业必须在动态的环境中保持自身商业模式的灵活反应、及时修正和快速适应。

(二) 商业模式的实施评价

商业模式的设计是否理想,实施商业模式后能否达到预期效果,通常需要从以下三个角度进行评价。

1. 客户价值实现的程度

创业者所设计的商业模式是否合理,首先要审视该模式对于创业团队所构想的"价值体现"的实现程度,即该商业模式能够在多大程度上实现创业团队原本拟为客户创造并传递的价值。而要回答这一问题,创业者一是需要评价该商业模式可能为客户创造并传递的价值是不是原本拟创造的价值。例如创业者原本打算为客户创造"节约时间"的价值，但通过其设计的商业模式，是不是就真的能帮助客户节约时间。二是需要评价该商业模式实现拟定价值的程度。如前假设，如果所设计的商业模式能够为客户提供"节约时间"的价值，则还需要进一步评价该商业模式能够为客户"节约时间"的程度大小。

2. 客户价值实现的可靠性

多数商业活动都存在风险，创业者借助所设计的商业模式为客户提供价值，存在着可靠性问题。创业者在设计特定商业模式之后，需要评价商业模式能够在多大程度上为客户可靠地提供拟定的价值。显然，只有那些能够可靠地为客户创造拟定价值的商业模式，才是可取的。商业模式的可靠性评价，相当程度上是商业模式的风险评价。相应地，既需要搞清特定商业模式的系统风险和非系统风险，还需要搞清各种具体风险的程度大小。只有搞清了各种可能的风险，才能称为对特定商业模式的可靠性进行了较为充分的评价。

3. 客户价值实现的效率

如果估计特定商业模式能够较为可靠地为客户提供拟定的价值，还需要进一步分析该商业模式为客户创造与传递价值的效率。在商业模式的顶层设计中，价值创造方式和价值传递方式二者共同决定客户价值的实现效率。创业者评价客户价值的实现效率，一是要评价特定商业模式为客户创造价值的效率，二是需要评价特定商业模式为客户传递价值的效率。而最终效率的形成，则是价值创造和价值传递两个效率的"乘积"，而不是两个效率的"相加"。只有特定商业模式的价值创造效率和价值传递效率都很高时，创业者才可能以较高的效率为客户提供价值；反之，如果其中任何一个环节的效率较低，都可能降低创业者为客户提供价值的效率。

三、商业模式的检验

成功的商业模式一定是一种有效的赢利模式。商业模式必须经受逻辑检验和赢利检验。

（一）逻辑检验

逻辑检验即从直觉的角度考虑商业模式描述的逻辑性，分析隐含的各种假设是否符合实际或在逻辑上说得通。商业模式的逻辑检验要重点从以下几个方面进行。

（1）谁是自己的顾客。

（2）顾客需要的价值是什么。

（3）商业行为参与各方的动机和目的是什么。

（4）自己的商业模式与众不同之处是什么。

通过分析以上商业模式的基本逻辑是否符合常识，商业模式的潜在优势和限制因素，可以判断出商业模式的逻辑是否顺畅。

（二）赢利检验

商业模式的赢利检验主要是通过以下四个方面的分析来确定的。

（1）基于利润表的检验。

（2）基于资产负债表的检验。

（3）商业行为如何实现良性循环。

（4）瓶颈在什么地方。

对市场的规模和赢利率、消费者的消费行为和心理、竞争者的战略和行动进行分析和假设，从而估计出关于成本、收入、利润等量化的数据，评价经济可行性。当测算出的结果达不到要求时，则该商业模式不能通过赢利检验。

四、商业模式的完善

经过对商业模式的分析和验证，能够在一定程度上找到商业模式存在的问题，从而可以对商业模式进行有针对性的完善。通过回答几个问题可以帮助创业者分析评估创业项目商业模式存在的问题与风险，并在此基础上进行商业模式的完善。

（一）问题一：客户的"转移成本"有多高

转移成本是指客户从一个产品或服务转移到另一个产品或服务所需的时间、精力或者金钱。"转移成本"越高，客户就越忠实于某项产品或服务，不会轻易离开去选择竞争对手的产品或服务。

（二）问题二：商业模式的扩展性怎样

扩展性是指在没有增加基本成本的情况下，能很容易地拓展商业模式、赢得利润。基于软件和互联网的商业模式比基于砖头和水泥的商业模式有天然的扩展性，但是即便如此，数字领域的商业模式之间仍然有很大的区别。

（三）问题三：能否产生可循环的经济价值

通过一个例子可以很好地解释可循环的经济价值。报纸在报摊销售赚取销售费用，另外的价值可以通过订阅和广告进行循环。循环价值有两个主要优势：第一，对于重复销售，成本只产生一次；第二，可以有更多更好的想法来构想未来怎样赚钱。

还有另外一种循环价值形式：从之前的销售中获取增值收入。比如，人们买了汽车，需要进行保养和更换配件，或者人们购买一个智能手机，生产企业在从硬件销售中赚得利润的同时，还可以获得来自内容和 App 的稳定增长的经济价值。

（四）问题四：是否可以在投入成本之前就赚钱

毫无疑问，每个企业都希望在投入成本之前就获得收入。

现在许多电商就把这种模式运用到产品销售上。通过预售或者团购的方式，在产品生产或进货之前就获得部分收入，实际上大部分情况下这部分收入已经覆盖了产品生产或进货的成本，在产品生产或到货后由客户支付尾款，电商企业在未投入成本的情况下获得了利润。

（五）问题五：怎么样让用户为你工作

这可能是商业模式设计上最具杀伤力的武器。在传统的市场上，宜家就让顾客自己组装在店里购买的家具。在互联网领域，微博让顾客上传照片或视频，参加投票以及"喜欢"某样东西，这正是微博的真正价值——公司只提供平台，内容全部由用户创造，而公司却挣得天文数字般的利润。

（六）问题六：是否具有高壁垒，以防止竞争对手模仿

一个优秀的商业模式不仅能够为顾客提供优秀的产品，还可以使企业保持长时间的竞争优势。苹果主要的竞争优势来自其商业模式而不是单纯的产品创新。对其他手机生

产商来说,模仿苹果的产品比建一个像苹果那样的应用商店生态系统要容易得多。

(七) 问题七: 是否建立在改变成本结构的基础上

降低成本是商业实践中的长期追求,有的商业模式不仅可以降低成本,更能够创造出一个与以往完全不同的成本结构。

当然,很难有一个商业模式设计能完全满足这七个方面,对创业者而言,时刻用这七个问题提醒自己,有助于使企业不断完善自己的商业模式从而保持长久的竞争力。

第三节   常见的商业模式及商业模式创新

一、十种常见的商业赢利模式

(一) 联想模式

从产业价值链定位来看,依托强大的销售网络,以"贸工技"向"创新驱动"的路径,围绕国际计算机及信息服务产业价值链,从加工代销的低端环节向重研发、重服务的高端环节与高级业态爬升与演化。

赢利模式:在产业升级的过程中,逐步由以往的大规模低成本制造作为赢利源向以服务增值作为赢利增长点的方向转变。

创新性:在缺乏,甚至一度弱化自主知识产权的"弯路"下,依托庞大的国内市场与政府支持,利用民族情结建立起庞大的营销体系、服务网络与市场优势,逐步以产业后端(市场)的控制力提高对产业中端资本的控制力,进而以产业中端(资本)的控制力提升对产业前端(技术)的控制力。

(二) 华为模式

从产业价值链定位来看,以客户需求为驱动,定位为通信设备领域的系统集成服务商与量产型企业,为客户提供有竞争力的端到端通信解决方案,并围绕通信设备领域的整个产品生命周期形成完整的产品线。

赢利模式:主要依靠通信产品的整个生命周期赚钱。

创新性:凭借通信设备领域产品生命周期上完整的产品线的营收,以牺牲暂时的亏损为代价,将投入市场的新产品按两三年后量产的模型定价,利用企业规模效益、低耗与高效的供应链管理、非核心环节外包、流程优化等方法挖掘出的成本优势挤垮或有效遏制国内竞争对手,并利用研发低成本优势快速抢夺国际市场份额。

(三) 百度模式

从产业价值链定位来看,力求"让人们最便捷地获取信息,找到所求",为网民提供基于搜索引擎的系列产品与服务,全面覆盖了中文网络世界所有的搜索需求。

赢利模式:采用以效果付费的网络推广方式实现营收。

创新性:借助超大流量的平台优势,联合所有优质的各类网站建立了世界上最大的网络联盟,使各类企业的搜索推广、品牌营销的价值、覆盖面均大幅提升,并从中扩大赢利来源。

（四）阿里巴巴模式

从产业价值链定位来看，抓住互联网与企业营销相结合的机遇，将电子商务业务主要集中于 B2B 的信息流，为所有人创造便捷的网上交易渠道。

赢利模式：通过在自己的网站上向国内外供应商提供展示空间以换取固定报酬，将展示空间的信息流转变为强大的收入流并强调增值服务。

创新性：通过互联网向客户提供国内外分销渠道和市场机会，中小企业能降低对传统市场中主要客户的依赖及营销等费用，并从互联网中获益。

（五）腾讯模式

从产业价值链定位来看，抓住互联网对人们生活方式的改变形成新的业态的机遇，通过建立中国规模最大的网络社区"为用户提供一站式在线生活服务"，通过影响人们的生活方式嵌入主营业务。

赢利模式：在一个巨大的便捷沟通平台上影响和改变数以亿计网民的沟通方式和生活习惯，并借助这种影响嵌入各类增值服务。

创新性：借互联网对人们生活方式改变之力切入市场，通过免费的方式提供基础服务而将增值服务作为价值输出和赢利来源的实现方式。

（六）巨人模式

从产业价值链定位来看，巨人集团紧紧抓住企业价值链上"营"与"销"的环节，通过颠覆式的"营"定义新的产品或服务，通过"地毯式"与"侧翼进攻"的"销"加强对市场后端的控制力。

赢利模式：尽管在表面上"脑白金""黄金搭档""黄金酒"用的是传统赢利模式，而"征途"游戏采用"基础服务免费＋道具收费"的模式，但实质上巨人是通过营销创新形成的产品服务新概念实现营收的。

创新性：紧紧围绕消费者的消费习惯、消费决策处境、消费心理、消费心态等实际需求，用全新的"营"与"销"的方式将实际品质不高的产品或服务赋予全新的概念，并以较短的销售渠道、较宽的销售网络从侧翼迅速介入市场。

（七）携程模式

从产业价值链定位来看，抓住互联网与传统旅行业相结合的机遇，力求扮演航空企业和酒店的"渠道商"角色，以发放会员卡吸纳目标商务客户、依赖庞大的电话呼叫中心开展预订服务等方式，将机票、酒店预订、度假预订、商旅管理、特约商户及旅游资讯在内的全方位旅行服务作为核心业务。

赢利模式：通过与全国各地众多酒店、各大航空企业合作以规模采购大幅降低成本，同时通过消费者在网上订客房、机票积累客流，客流越多携程的议价能力越强，其成本就越低，客流就会更多，最终形成良性增长的赢利模式。

创新性：立足于传统旅行服务企业的赢利模式，主要通过"互联网＋呼叫中心"完成一个中介的任务，用 IT 和互联网技术将赢利水平无限放大，成为"鼠标＋水泥"模式的典范。

（八）招商银行模式

从产业价值链定位来看，抓住信息技术与传统金融业相结合的机遇，以"金融电子化"建立服务品牌，先后推出国内第一张基于客户号管理的银行借记卡、第一家网上银行，第一张符合国际标准的双币信用卡、首个面向高端客户理财产品的金葵花理财、首推私人银行服务及跨银行现金管理等业务。

赢利模式：通过扩大服务面、延伸服务线取得多方面的利息收入与增值收入。

创新性：将信息技术引入金融业的发展，并以"创新、领先、因你而变"时刻不断推出新服务，引领金融业的发展。

（九）苏宁电器模式

从产业价值链定位来看，以家电连锁的方式加强对市场后端的控制，同时加强与全球近 10 000 家知名家电供应商的合作，打造价值共创、利益共享的高效供应链，强化自身在整个产业价值链中的主导地位。

赢利模式：基于 SAP 系统与 B2B 供应链项目、通过降低整个供应链体系运营成本、库存储备并为客户提供更好的服务这一"节流＋开源"的方式实现营收。

创新性：以家电连锁的方式加强对市场后端的控制力，并以此为基础加强向上游制造环节的渗透，使零售与制造以业务伙伴方式合作提高整个供应链的效率，进而打通整个产业价值链以谋求更高的价值回报。

（十）比亚迪模式

从产业价值链定位来看，依托某一产业领域的技术优势，在相关产业转型或兴起的背景下，将其产业优势向这一领域进行逆向的产业转移，形成跨领域的、稳步攀升的产业扩张。

赢利模式：在产业转移与扩张的过程中，通过改变产业景框、设定新的游戏规则、合并细分市场、整合客户需求进行价值创新，以蓝海战略实现营收。

创新性：基于电池领域的绝对竞争优势与产业优势，在已有商业领域取得成功后，以较强的复制能力、稳定性、技术创新等，集中利用内部资源、整合各业务群中的优势元素塑造向新兴领域或转型产业进行产业布局的转移与调整，繁衍一个又一个新业务，实现塑造蓝海、产业扩张与价值创造的统一。

二、商业模式创新的十种类型

商业赢利模式千千万万，但几乎所有成功的创新都是十种基本创新类型的某种组合。这十种创新类型如下。

（一）赢利模式创新

赢利模式创新指的是公司寻找新的方式将产品和其他有价值的资源转变为利润。这种创新常常会挑战一个行业关于生产什么产品、确定怎样的价格、如何实现收入等问题的传统观念。溢价和竞拍是赢利模式创新的典型例子。

（二）网络创新

在当今高度互联的世界里，没有哪家公司能够独自完成所有事情。网络创新让公司能充分利用其他公司的流程、技术、产品、渠道和品牌。众包等开放式创新方式是网络创新的典型例子。

（三）结构创新

结构创新是指通过采用独特的方式组织公司的资产（包括硬件、人力或无形资产）来创造价值。它可能涉及从人才管理系统到重型固定设备配置等方面。结构创新的例子包括建立激励机制,鼓励员工朝某个特定目标努力,实现资产标准化从而降低运营成本和复杂性,甚至创建企业大学以提供持续的高端培训。

(四) 流程创新

流程创新涉及公司主要产品或服务的各项生产活动和运营。这类创新需要彻底改变以往的业务经营方式,使得公司具备独特的能力,高效运转,迅速适应新环境,并获得领先市场的利润率。

(五) 产品性能创新

产品性能创新指的是公司在产品或服务的价值、特性和质量方面进行的创新。这类创新既涉及全新的产品,也包括能带来巨大增值的产品升级和产品线延伸。产品性能创新常常是竞争对手最容易效仿的一类。

(六) 产品系统创新

产品系统创新是指将单个产品和服务联系或捆绑起来创造出一个可扩展的强大系统。产品系统创新可以帮助你建立一个能够吸引并取悦顾客的生态环境,可以抵御竞争者的侵袭。宝洁公司是其中的典型案例。

(七) 服务创新

服务创新保证并提高了产品的功用、性能和价值。它能使一个产品更容易被试用和享用,它为顾客展现了他们可能会忽视的产品特性和功用,它能够解决顾客遇到的问题并弥补产品体验中的不愉快。海底捞火锅是其中的典型案例。

(八) 渠道创新

渠道创新是指将产品与用户联系在一起的手段的创新。如虽然电子商务在近年来成了主导力量,但是如实体店等传统渠道还是很重要的,特别是在创造身临其境的体验方面。这方面的创新老手常常能发掘出多种互补方式将他们的产品和服务呈现给顾客。

(九) 品牌创新

品牌创新有助于保证顾客和用户能够识别、记住你的产品,并在面对你和竞争对手的产品或替代品时选择你的产品。好的品牌创新能够提炼某种"承诺",吸引买主并传递一种与众不同的身份感。

(十) 顾客契合创新

顾客契合创新是指要理解顾客和用户的深层愿望,并利用这些来发展顾客与公司之间富有意义的联系。顾客契合创新开辟了广阔的探索空间,帮助人们找到合适的方式把自己生活的一部分变得更加难忘、富有成效并充满喜悦。

只选择一两种创新类型的简单创新不足以获得持久的成功,尤其是单纯的产品性能创新,很容易被模仿、被超越。企业需要综合应用上述多种创新类型,才能打造可持续的竞争优势。

课堂讨论

请以农村电商项目为例,使用商业画布设计商业模式。

第十章　商业计划书与路演展示

第一节　撰写商业计划书

一、商业计划书的作用

商业计划是创业者为吸引投资家的投资而撰写的报告性文件。事实上,商业计划对于任何形式出资的创业者都是需要的,因为,创业并不是只凭热情的冲动,而是理性的行为。在创业前,做一个较为完善的计划是非常有意义的:第一,在做创业计划时,会比较客观地帮助创业者分析创业的主要影响因素,能够使创业者保持清醒的头脑;第二,一项比较完善的创业计划,可以作为创业者的创业指南或行动大纲,也可以作为用于向风险投资家游说以取得创业投资的商业可行性报告及其他渠道融资的报告性文件,从这个意义上讲,一份优秀的商业计划也会成为创业者吸引资金的"敲门砖"和"通行证"。商业计划书的作用主要体现在以下几个方面。

（一）实现企业融资的目的

一份好的商业计划书是获得贷款和投资的关键因素之一。一份高质量且内容丰富的商业计划书,将会使投资者更快、更有效地了解投资项目,将会使投资者对项目充满信心,并投资参与该项目,最终实现为项目筹集资金的作用。

商业计划书是争取项目融资投资的"敲门砖"。投资者每天会接收到很多商业计划书,商业计划书的质量和专业性就成为企业获得投资的关键点。创业者在争取获得风险投资之初,首先应该将商业计划书的制作列为头等大事。

（二）全面了解你的企业

通过制订相应的商业计划,你会对自己企业的各个方面有一个全面的了解。它可以更好地帮助你分析目标客户,规划市场范畴形成定价策略,并对竞争性的环境作出界定,在其中开展业务以求成功。商业计划书的制订保证了使各方面因素能够协调一致。在制订过程中往往能够发展颇具竞争力的优势,或是发现创业过程中蕴藏的新机遇。只有将计划书付诸实践,才能确保对企业的有效管理。你也可以集中精力,抢在情况恶化之前预防计划书中预计会出现的任何偏差。同样,你将有足够的时间为未来做打算,做到防患于未然。

（三）向合作伙伴提供信息

商业计划书可以为业务合作伙伴和其他相关机构提供信息。编撰计划书的另一个目的是找到自己的战略合作伙伴,以期待企业更加充满活力,达到多方的共同发展。

二、商业计划书的基本内容

(一)项目简介

一页纸的"项目简介"是商业计划书中最重要、也是最难写的内容。虽然"项目简介"像是你的商业计划书的"迷你版",但它并非要包含商业计划书的每一个方面。清晰地描述你的商业模式,即你的产品或服务;明确表述为什么你的创新及时解决了用户的问题,填补了市场的空缺;描述巨大的市场规模和潜在的远景;用一句话来概括你的竞争优势;形容你和你的团队是一个"成功组合";概述你将如何在最短的时间内让投资人赢利;陈述你希望融多少钱、这笔钱用来干什么等内容。

(1)详细说明企业项目的基本原理及相关技术内容,描述项目的技术或工艺路线、产品结构、基本算法原理等图示管理。

(2)论述项目的创新点,包括技术创新、产品结构创新、产品工艺创新、产品性能及使用效果的显著变化等。

(3)详细描述项目的技术来源、合作单位和项目知识产权的归属情况。

(4)简述本项目国内外发展现状、存在的主要问题。

(5)说明项目的成熟性和可靠性,论述项目产品市场调查与竞争能力预测,市场前景,产品单位售价与赢利预测,社会效益分析,风险分析,项目组成员背景及具体分工。

(二)产品或服务

产品是指能够提供给市场,被人们使用和消费,并能满足人们某种需求的物品。服务是一方能够为另一方提供的、本质上无形的任何活动或作业,结果不会导致任何所有权的发生。服务可能与某种有形产品联系在一起,也可能毫无关联。

(1)重点阐述产品的特性、竞争优势及其独特的客户价值。

(2)若产品数量较多,可以用表格形式将其基本信息进行陈列,并重点介绍主导产品的特点及其优势。

(3)关于产品和服务"背后实力"的说明,应根据实际需求进行内容项目的选择,不要追求面面俱到,内容选择原则是:突出产品和服务的优势及独特价值,突出影响产品和服务的关键成功要素,例如研发能力、原材料供应、质量控制、售后服务体系。

(4)注意与商业计划书中其他内容的协调,例如公司概况中涉及的产品和服务介绍、研发与生产中涉及的知识产权等内容。

(三)市场分析

市场分析是对市场供需变化的各种因素及其动态、趋势的分析。分析过程是:搜集有关资料和数据,采用适当的方法,分析研究、探索市场变化规律,了解消费者对产品品种、规格、质量、性能、价格的意见和要求,了解市场对某种产品的需求量和销售趋势,了解产品的市场占有率和竞争单位的市场占有情况,了解社会商品购买力和社会商品可供量的变化,并从中判明商品供需平衡的不同情况(平衡,或供大于需,或需大于供),为企业生产经营决策(合理安排生产、进行市场竞争)和客观管理决策(正确调节市场、平衡产销、发展经济)提供重要依据。

1.市场分析的内容

（1）市场发展趋势及总量。针对你的产品或服务，科学地分析对应市场发展现状以及发展趋势，并作出项目的市场价值评估预测，主要评估产品或服务在市场上的需求情况，消费者青睐度，未来发展趋势，目前市场上的需求与竞争关系。

（2）目前公司产品的市场状况。主要通过数据说明产品在市场上投放的情况及效果，了解同行业竞争对手在市场上的产品投放情况。

（3）行业政策。了解产品及服务是否享受国家鼓励性政策支持，目前国家对此产品及服务是否有行政命令的禁止，产品自身是否能符合相关政策。

2.市场分析的作用

（1）市场分析可以帮助企业发现市场机会并为企业的发展创造条件。企业若想在一个新的市场开辟自己的业务，除要了解市场需要之外，还要了解该市场商业上的竞争对手，这些工作都要通过各种分析手段来完成。只有通过细致的市场调查和分析，企业才有可能对自己的营销策略作出正确的决策，就这点而言，公司的规模越大，市场分析工作也就越显得重要，创业者也就越需要在市场分析方面做大量的工作。

（2）市场分析可以加强企业控制销售的手段。促销活动是企业在推销产品过程中的主题活动，然而企业如何进行促销活动和选择什么样的促销手段，则要特别依靠市场分析工作。以广告为例，商业广告的途径和种类很多，但究竟哪一种广告的效果好，还需要进行细致的分析研究。比较性广告似乎更容易给消费者留下印象，因为它通过比较两种不同产品的各种功能与特点来突出其中的主题产品。不过，并不是所有的商品都适用比较性广告。因此，何时、何地、在何种情况下企业应该运用比较性广告来宣传自己的产品，就需要进行分析研究。另外，广告向消费者传播以后效果如何，也要通过对产品的销售记录进行分析以后才能得出。

（3）市场分析可以帮助企业发现经营中的问题并找出解决的办法。经营中的问题范围很广，包括企业、企业责任、产品、销售、广告等各个方面。造成问题的因素也不是那么简单，尤其是当许多因素相互交叉作用的时候，市场分析就显得格外重要。某企业一个时期内销售收入大幅度下降，可是却搞不清问题是出在下调了的价格上还是出在广告的设计上，于是市场分析就只能从两个要点来着手了。根据销售记录，人们发现价格降低以后，销售量并没有明显的增加，说明产品需求的价格弹性较小，降价的决策是错误的。如果通过对广告效果的调查发现广告媒介的错误导致广告效果不好，那问题就出在广告方面，当然企业销售额大幅度下降的原因也可能出在产品方面，比如产品质量下降或是市场出现其他企业的优质产品。

（4）市场分析可以加强企业与顾客的联系。通过信息及对信息的分析和处理把顾客和企业联系起来。正是由于有了这些信息，市场分析人员才能够确定市场中存在的问题，检查市场营销活动中不适当的策略与方法，同时找出解决这些问题的办法。

（5）市场分析可以为政府有关部门了解市场、对市场进行宏观调控提供服务。

（四）介绍创业团队

介绍创业团队包括对创业者个人的介绍和对创业小组的介绍。创业小组中的人是推动项目整体向前发展的主要因素，这也是投资方关注的要素之一。创业者个人条件是本次创业能否取得成功的一个关键因素,创业者与其小组的默契和激情直接影响创业的效果。没有合适的人,再好的想法也没有办法落实,只有小组成员互相合作、优势互补,才能将创业工作落到实处,具体应包括以下内容。

（1）创业者个人及小组成员的学习、工作经历,并简要叙述他们取得的成绩。

（2）创业者个人的资源及其资金、精力投入的承诺。

（3）小组成员的创业动机及热情。

（4）小组成员合作的优势和劣势。

（5）小组成员的权责分工情况。

（五）企业组织结构描述

在创业计划书中要明确企业的法律形态,例如,是有限责任公司、个人独资企业或者合伙企业,还是其他类型的企业。在描述企业组织结构时,可以采取组织结构图与工作事项描述结合的形式,这样较为简洁,一目了然。如果企业是合伙企业,对于企业的出资方式、出资金额、利润分配和亏损分摊、经营分工、权限和责任等相关内容,要在合伙人协议中体现出来。

（六）优劣势分析

1. 竞争对手分析

竞争对手分析是指对竞争环境、竞争对手和竞争策略的调查研究。竞争对手调查的目的是通过收集信息,查清竞争对手的情况。这个情况主要包括产品服务的价格策略、渠道策略、营销策略、竞争策略、研发策略、财务策略及人力资源等,了解其竞争的优势和劣势,全方位地了解同类企业有哪些,以及这些企业目前的生存环境、产品销售情况、产品在市场的接纳程度,市场是否处于某些企业的垄断,同时也要注意了解竞争者的数量与规模,了解竞争者的分布与构成,了解竞争对手的经验策略与销售方案。将了解到的信息整理分析后,创业者才能探索更加有效的方法来吸引消费者的目光。

2. 竞品分析

竞品分析主要分析自身产品及服务在同类产品及服务中的相同点及不同点,在具体的分析中,我们可以针对行业最具市场影响力的企业逐条罗列,进行对比,包括:质量、价格、功能、美观性、便携程度、上手难度、核心理念等。利用分数进行数据对比,找准自身产品和服务的优势,重点进行打造提炼,形成核心竞争力。

3. 优势分析

在做好竞品分析的同时,还要将同类别的产品进行优劣对比,分析出此产品在市场上是否具有核心竞争力。

4. SWOT分析

所谓SWOT分析,即基于内外部竞争环境和竞争条件下的态势分析,就是将与研究对象密切相关的各种主要内部优势、劣势和外部的机会、威胁等,通过调查列举出来,并依照矩阵形式排列,然后用系统分析的思想,把各种因素相互匹配起来加以分析,从中得出一系列相应的结论。这些结论通常可作为决策的依据。

运用这种方法,可以对研究对象所处的情景进行全面、系统、准确的研究,从而根据研究结果制订相应的发展战略、计划以及对策等。

S(strengths)是优势、W(weaknesses)是劣势、O(opportunities)是机会、T(threats)是威胁。按照企业竞争战略的完整概念,战略应是一个企业"能够做的"(即组织的强项和弱项)和"可能做的"(即环境的机会和威胁)之间的有机组合。

那么具体来说,SWOT中优势(S)主要包含:有利的竞争态势、充足的财政来源、良好的企业形象、技术力量、规模经济、产品质量、市场份额、成本优势、广告攻势等;劣势(W)主要包含:缺少关键技术、研究开发落后、设备老化、管理混乱、资金短缺、经营不善、产品积压、竞争力差等;机会(O)主要包含:新产品、新市场、新需求、竞争对手失误等;威胁(T)主要包含:新的竞争对手、替代产品增多、行业政策变化、客户偏好改变、市场缩紧、经济衰退、突发事件等。

(七) 商业模式

企业与企业之间、与顾客之间、与渠道之间都存在各种各样的交易关系和联结方式称为商业模式,它是一个企业满足消费者需求的系统,这个系统组织管理企业的各种资源(资金、原材料、人力资源、作业方式、销售方式、信息、品牌和知识产权、企业所处的环境、创新力,即输入变量),形成消费者必须购买的产品和服务(输出变量),从而具有自己能复制且别人不能复制,或者自己在复制中占据市场优势地位的特性。叙述商业模式通常要包含六个要素。

1. 战略定位

战略定位是企业战略选择的结果,也是商业模式体系中其他几个部分的起点。战略定位需要考虑三个方面,即:长期发展、利润增长、独特价值。商业模式中的"定位"更多的是作为整个商业模式的支撑点,同样的定位可以有不一样的商业模式,同样的商业模式也可以实现不一样的定位。

2. 业务系统

业务系统是指企业达到战略定位所需要的业务环节、各合作方扮演的角色以及利益相关者的合作方式。企业围绕战略定位所建立起来的业务系统将形成一个价值网络,明确客户、供应商、其他合作方在通过商业模式获得价值的过程中扮演的角色。

3. 关键资源能力

关键资源能力是指业务系统运转所需要的重要资源和能力,任何商业模式构建的重点工作之一就是了解业务系统所需要的重要资源和能力有哪些,如何分布,以及如何获取和建立。不是所有的资源和能力都同等珍贵,也不是每一种资源和能力都是企业所需要的,只有和战略定位、业务系统、赢利模式、现金流结构相契合、并能互相强化的资源和能力,才是企业真正需要的。

4. 赢利模式

赢利模式是指企业获得收入、分配成本、赚取利润的方式。赢利模式是在给定业务系统价值链所有权和价值链结构的前提下,相关方之间利益的分配方式。良好的赢利模式不仅能够为企业带来利益,还能为企业编织一张稳定、共赢的价值网。

5. 现金流结构

现金流结构是指企业经营过程中产生的现金收入扣除现金投资后的状况。不同的现金流结构反映企业在战略定位、业务系统、关键资源能力以及赢利模式方面的差异,决定了企业投资价值的高低、投资价值递增的速度以及受资本市场青睐的程度。

6. 企业价值

企业价值是指企业的投资价值,是企业预期未来可以产生的现金流的贴现值。企业的投资价值由其成长空间、成长能力、成长效率和成长速度等因素共同决定。

 案例分享 ······

为什么星巴克不用花钱做广告就能建立顶尖品牌呢?

第一,从一开始,星巴克就只选择在最繁忙的市区交叉路口开咖啡店,虽然这些地段租金很高,但非常醒目的位置给星巴克最自然的广告效果,过路来往的人不可能看不到招牌门面,看的次数多了,品牌信任自然就来了。第二,全球化、全球范围内的人口流动,为星巴克这样的品牌连锁店带来空前的机会。但有一点很关键,就是人们在各国、各地区间的流动要具规模,要频繁,也就是空运、高速公路等交通网必须很发达,跨国间的旅游方便容易。否则,这种跨国、跨地区间的品牌协同效果就会很差,创办全球连锁咖啡馆就难成功。是全球化带来的跨国人口流动造就了星巴克,为星巴克节省许多广告开支,使它每卖一杯咖啡的边际成本很低。第三,星巴克在纳斯达克上市。1992 年星巴克的股票正式上市交易,也就是说,我们都可以通过买其股票成为星巴克股东。许多人认为,向大众发行自己公司的股票只是一个融资事件,如果我的公司不需要资金,就不必上市。实际上,远不是这样,让公司股票上市除融资之外,另一个同样重要的效果是巩固公司的品牌、增加公司的知名度。在 1992 年上市之前,星巴克只是在美国西海岸有一定的知名度,其他地方的人不知道有这么一个咖啡馆,更不知道它的咖啡如何了。但是,在准备上市的过程中,美国大大小小的媒体都在报道星巴克这个公司、介绍它的咖啡是如何如何好。这使得还没喝过星巴克咖啡的人都好奇了,也想去试试,一下把星巴克咖啡变成时尚品了。股票上市之后,股价一天天涨。

(八) 财务分析

1. 资金分析

资金分析主要是根据整个项目的建设成本进行资金预算,主要分为流动资产与非流动资产。流动资产主要是指 1 年或者 1 年以上的一个营业周期中可以变现的资产,如:原材料、库存商品;流动资产外的有形资产或无形资产均属于非流动资产,如:机器设备、家具、商标权、专利权。

2. 融资计划与形式

根据资源需求的分析,结合管理团队的构成与分工,企业应知晓具体的资金需求,这时候需要编制资金需求表,以对资金的来源和运用情况进行系统分析,在这里我们就需要计算可能支出的项目费用,原材料投入成本、项目研发成本、人力资源成本、房屋租赁成本、广告宣传成本、办公经费成本以及流通资金等,根据所需要的成本进行综合,企业根据自身的资金情况,可知晓具体融资金额及具体融资计划。常见的融资形式有股权融资和债权融资。股权融资是指企业的股东愿意让出部分企业所有权,通过企业增资的方式引进新的股东的融资方式。股权融资所获得的资金,企业无须还本付息,但新股东将与老股东同样分享企业的赢利与增长。股权融资的特点决定了其用途的广泛性,既可以充实企业的营运资金,也可以用于企业的投资活动。债权融资是指企业通过借钱的方式进行融资,企业首先要承担资金的利息,另外在借款到期后要向债权人偿还资金的本金。债权融资的特点决定了其用途主要是解决企业营运资金短缺的问题,而不是用于资本项下的开支。

3. 经济收益

无论什么项目,最终投资与否的决策和该项目能否实现赢利有着直接的关系,其目的就是回收投资、赚取利润。重点体现以下几个方面。

(1)收益。根据项目在市场上的运营情况,销售的产品种类及数量进行统计,最终得到的销售金额进行估算。

(2)成本。生产和销售产品,需要的成本,主要包含原材料、人力资源成本、能源耗材、管理费用、广告宣传等。

(3)利润。结合收益与成本,得出最终的利润。

(九)风险分析

1. 风险的内容

创业者创业的最终目的是获利,无论是论证项目的可行性,还是具体的经营管理,还是活动方案的策划,都是以获得利益为基础的。但是,任何创业项目又都是收益与风险并存的。因此,为了利益的最大化,就有必要认识和规避风险,以求提高创业的成功率。针对项目可能会出现的风险,常见的风险有:技术风险、财务风险、市场风险、人力资源风险、管理风险、法律风险、环境风险。风险分析能减轻投资者的疑虑,让他们对企业有全方位的了解,也能体现管理团队对市场的洞察力和问题解决能力,同时针对各类风险,准确评估出风险等级,把握好风险的类型,做好规避风险的应急方案。

(1)技术风险。技术风险是指由于技术的不确定性而带来的创业失败的可能性。企业家的创业常常是将某一项新的技术应用到生产实践中去,将其转化为现实的商品。那么,技术在实践中是否可行,是否能够真正地转化为生产力,预测与现实可能会存在偏差,这就导致了技术风险的出现。技术风险的具体表现分为四个方面:一是技术上成功的不确定性;二是技术前景的不确定性;三是技术效果的不确定性;四是技术寿命的不确定性。

(2)市场风险。市场风险,主要是指在创业过程中将产品投向市场时,由市场的不确定性带来创业失败的可能性。主要体现在四个方面:一是市场需求量的不确定性;二是市场接受时间的不确定性;三是市场竞争能力的不确定性;四是市场战略的不确定性。

(3)环境风险。环境风险是指由外部环境的变化而给企业带来的风险。对于创业者来说,这些外部环境是可变的,同时也是不可控的,要想更好地把握外部环境,就要更多地了解政策制度信息。这些政策制度信息包括国家的产业政策、投资政策、融资政策、环境保护政策、关税与外贸等,他们对创业者能否创业成功有着至关重要的影响。主要体现在:一是政治法律环境风险;二是经济环境风险;三是技术环境风险;四是人口环境风险;

五是自然环境风险;六是社会文化环境风险。

（4）财务风险。财务风险是指因资金不能及时供应而给创业企业带来的风险。在创业的过程中,创业者作为创业的主体,必须具备优秀的个人素质,找准合适的创业项目,除此以外,资金问题也是创业者不得不重视的、对创业的成败有着至关重要的影响的因素。

（5）人力资源风险。人力资源风险主要是指由于人的因素,包括创业者、创业团队中的主要成员对创业发展产生不良影响或偏离经营目标从而给企业带来的影响。具体有以下三个方面的体现:一是创业团队风险;二是个人因素产生的风险;三是人员流失可能带来的风险。

（6）管理风险。管理风险主要指在创业过程中由于管理不善给企业带来的风险,此类风险的大小主要由以下四个方面决定:一是创业者素质;二是决策风险;三是组织风险;四是其他创业风险。

（7）法律风险。企业法律风险是指在法律实施过程中,由于企业外部的法律环境发生变化,或由于包括企业自身在内的各主体未按照法律规定或合同约定行使权利、履行义务,而对企业造成负面法律后果的可能性。大学生在关注创业带来的财富的同时,还应该了解并规避法律风险,以确保企业和自身的安全。

2. 风险管理

（1）风险识别。风险识别是创业人员对创业过程中可能发生的风险进行感知和预测的过程。首先,风险识别应根据风险类型,全面观察创业过程,从风险产生的原因入手,将引起风险的因素分解成简单的、容易识别的基本单元,找出影响预期目标实现的各种风险。创业者可以采用绘制创业流程图、制作风险清单、建立风险档案、头脑风暴、市场需求调查、分解分析等方法进行风险识别。

（2）风险评估。风险评估包括风险估计和风险评价。风险估计是通过对所有不确定性和对风险要素的充分、系统而有条理的考虑,确定创业过程中各种风险发生的可能性以及发生之后的损失程度。风险估计主要是对风险事件发生的可能性大小,可能的结果范围和危害程度,预期发生的时间,风险因素所产生的风险事件发生概率等四个方面进行估计。创业者在进行风险估计时应充分考虑风险因素及其影响,对潜在损失和最大损失作出评估。风险评价是针对风险估计的结果,应用各种风险技术来判定风险影响大小、危害程度高低的过程。风险评价可以采用定量的方法,如敏感性分析、决策树分析、影像图分析,也可以采用定性分析的方法,如专家调查法、层次分析法。创业者应对不同的风险选用不同的方法进行评价,并客观对待评价结果,做好风险预警工作。

（3）风险应对。风险应对是创业者在风险评估的基础上,选择最佳的风险管理技术,采用及时有效的方法进行防范和控制,用最经济合理的方法来综合处理风险,以实现最大安全保障的一种科学管理方法。

在商业计划书中对风险的分析要把握以下三点原则:一是切实分析项目中最可能遇到的风险,越微观越好,因为宏观上分析的可控性相对较低;二是在风险识别完成后,建立投资项目主要的风险清单,将该投资项目可能遇到的所有重要风险全部列入表中,方便自己也便于投资人知道这个项目的具体情况;三是提出控制方案,控制方案注意一定要切实可行,不要假大空。

3. 判定风险控制方案的可行性

风险管理的基本程序包括风险识别、风险估计、风险评价、风险控制和风险管理效果评价等环节。良好的风险管理有助于降低决策错误的概率、避免损失的可能、相对提高企业本身的附加值。理清企业风险并对其进行分析之后,我们需要更进一步去判定自己的风险控制方案的可行性,即:风险管理效果评价。这个时候,我们就需要寻求外界的帮助。判定风险控制可行性的方法一般有两种:一是询问相关人士,征求内行人的意见;二是参考同类型公司的做法。

在商业计划书中,一个有效的风险控制体系和计划通常包括风险本身的控制与非风险本身的控制。很多时候需要企业的管理者做一个旁观者,超越事物本身去看待事物,这样也许就会有新的发现,更好地区分自己可能遭遇的风险是什么。

(十) 发展战略

发展战略就是一定时期内对企业发展方向、发展速度与质量、发展点及发展能力的重大选择、规划及策略。企业战略可以帮助企业指引长远发展方向,明确发展目标,指明发展点。企业和项目要想在市场上生存、持续发展,离不开长远的规划。发展规划主要体现在企业自身的规模发展上,如:产品销售量、销售额、人员配置、占地面积、同类产品市场占有率。又如三至五年或者十年,将企业的产品由单个地区逐渐向全国,乃至全球辐射,形成区域辐射,提升企业的影响力与知名度。

如果企业要实现发展,就需要思考四个问题:① 企业未来要发展成什么样子(发展方向);② 企业未来以什么样的速度与质量来实现发展(发展速度与质量);③ 企业未来从哪些发展点来保证这种速度与质量(发展点);④ 企业未来需要哪些发展能力的支撑(发展能力)。

如果这四个问题都能有效解决,那么企业的发展问题就能得到系统的、有效的解决。

在此基础上,我们形成了一个系统解决企业发展问题的战略框架,即发展战略框架,由愿景、战略目标、业务战略和职能战略四大部分组成,具体来说:① 愿景,即企业未来要成为一个什么样的企业;② 战略目标,即企业未来要达到一个什么样的发展目标;③ 业务战略,即企业未来需要哪些发展点,要在哪些产业、哪些区域、哪些客户、哪些产品发展,怎样发展;④ 职能战略,即企业未来需要什么样的发展能力,需要在市场营销、技术研发、生产制造、人力资源、财务投资等方面采取什么样的策略和措施以支持企业愿景、战略目标、业务战略的实现。

战略措施是实现定位的保证,是善用资源的体现,是企业发展战略中最生动的部分。从哪里入手、向哪里开刀、施什么政策、用什么策略、保哪些重点、舍哪些包袱、怎么策划、如何运作等,这些都是战略措施的重要内容。战略措施要符合规律、紧靠实际、提纲挈领。战略措施也要可操作,但这种可操作是战略上的可操作,与战术的可操作具有很大的不同。

三、商业计划书的编写步骤

(一) 撰写原则

商业计划书在撰写时应遵循目标明确、优势突出;循序渐进,逻辑性强;结构合理、详略得当等原则。

1. 目标明确、优势突出

商业计划书在撰写时应突出其内容、结构、作用,重点突出其优势特点。一是要突出产品或服务的核心价值,在阐述中让投资者相信产品和服务的未来发展空间;二是要写明目标市场规模;三是要分析竞争对手,阐述自身产品或服务在市场中的位置,是否在同行中具有竞争力;四是要让投资者接受企业运营模式和赢利模式,相信其具有很大的获利空间;五是要介绍整个团队的职责与目标、团队中的优秀人物,让投资者充分相信团队的实力与管理能力。

2. 循序渐进,逻辑性强

商业计划要充分考虑的内容非常多,因此,在商业计划书的写作过程中要注意逻辑,循序渐进,避免杂乱无章,前后不一致。

3. 结构合理,详略得当

商业计划书在撰写时,要体现合理的结构,内容安排要符合逻辑,遵循基本的既定结构,各部分标题、顺序、长度不能偏离常规。篇幅不宜过长,也不宜过短,在一般的情况下,要着重强调企业的优势与能持续赢利的原因,如市场计划、商业模式、营销策略、成本预算、风险控制。

(二) 撰写技巧

一是封面要求总体风格大方,美观流畅,公司名称、联系方式、负责人姓名、日期等基本信息均要写上;二是目录要格式统一、严格对应后面的页码;三是摘要要求以最简洁的方式将整个创业计划书进行浓缩,语言精益求精,语句清晰明了,语言富有感染力;四是市场分析要包括市场需求现状、市场分析现状、企业在市场中的地位预测,最好用数据说明;五是产品或服务介绍要写全产品或服务的功能,重点写出产品和服务的核心优势,解决了什么问题;六是商业模式,主要讲清楚其赢利模式、销售模式、价格策略等;七是组织结构,最好采用图表的形式,一目了然,对于创业者描述的关键是展现管理者的素质和能力;八是风险分析,要具体描述并仔细研究在市场中的风险因素;九是财务分析,要把成本、融资需求、资金使用计划、支出等进行详细的描述;十是发展规划,具体展现未来产品或服务的规模、市场占有率,达到的什么样的预期。

(三) 撰写思路

撰写商业计划书是一个展望企业的未来前景、细致探索其中的合理思路、确认实施企业项目所需的各种必要资源、再寻求所需支持的过程。需要注意的是,并非所有创业方案都要完全包括上述大纲中的全部内容。创业内容不同,商业计划书的撰写思路也不同。

第一阶段:知识积累。这也是创业的基础,拥有相关的技能知识、理论研究、行业背景等是必不可少的。

第二阶段:创业构思。根据自身的知识技能、资源条件、政府的相关政策法规、市场背景、团队人才等开展创业构思,并逐渐呈现出以产品或服务、商业模式、团队为初步框架的创业结构。

第三阶段:市场调研。拥有好的构思后,对市场上同类别的产品和服务进行充分的市场调研,整理数据,分析竞争。根据市场上的需求与竞争情况结合自身产品及服务的核心优势进行分析。

第四阶段：方案撰写。主要围绕商业计划书的基本内容（产品服务、市场分析、商业模式、管理团队、财务分析、风险控制、未来发展）进行撰写，将整个创业要点抽出来写成提要，重点突出创业项目的核心点，最终形成商业计划书全文。

第五阶段：修饰。首先，根据你的报告，把最主要的东西做成一个 1～2 页的摘要，放在前面。其次，检查一下，千万不要有错别字之类的错误，否则别人对你做事是否严谨会产生怀疑。最后，设计一个漂亮的封面，编写目录与页码，然后打印、装订成册。

第六阶段：检查。可以从以下几个方面加以检查。

（1）你的商业计划书是否显示出你具有管理公司的经验。

（2）你的商业计划书是否显示了你有能力偿还借款。

（3）你的商业计划书是否显示出你已进行过完整的市场分析。

（4）你的商业计划书是否容易被投资者所领会。创业计划书应该备有索引和目录，以便投资者可以较容易地查阅各个章节，还应保证目录中的信息流是有逻辑和现实意义的。

（5）你的商业计划书中是否有计划摘要并放在了最前面，计划摘要相当于公司创业计划书的封面，投资者首先会看它。为了保持投资者的兴趣，计划摘要应写得引人入胜。

（6）你的商业计划书是否在语法上全部正确。

（7）你的商业计划书能否打动投资者或消除投资者投资的疑虑。

第二节　项　目　路　演

一、项目路演的作用

项目路演就是企业代表在台上向台下众多的投资者讲解自己的企业产品、发展规划、融资计划。它的好处在于可以同时让多个投资家倾听你的讲解和说明，同时还可以有一个思考和交流的过程。通常情况下，投资家每天看到的计划书和接触的项目很多，甚至有的投资家一天阅读上百份项目计划书，所以筛选项目往往只能凭借一些市场份额、赢利水平等硬性指标，很难了解企业项目的精彩之处，很多优质的企业都是因此而与投资擦肩而过的。

路演可以让投资者在安静的环境里，在创业者声情并茂的展示下，真正读懂企业的项目，从而作出准确的判断。特别对于一些技术性强的项目，更能减少出现投资者看不懂和不理解项目的弊端。创业者可以通过自己的精彩讲解和投资者之间的交流，快速对接自己的项目，减少融资路上的弯路。

二、项目路演的内容

项目路演的重点要阐述以下几点：一是市场背景，市场行业介绍、项目或产品技术介绍、项目团队;二是资金用途,项目持有人自投资金数额,项目目前已投入的资金来源、数额、用途,需要新融资的额度,所融资金的具体用途;三是赢利模式,即商业模式及赢利模式,最近一年的财务经营状况分析,投资收益率与保证收益率实现的具体操作方案;四是合作方式,是股权、债权,还是其他;五是退出机制,资金的投入周期、效益率、退出方式、退出保障。

三、项目路演的注意事项

路演是为了帮助项目成员统一思想,并向投资者展示商业逻辑思路而进行的。因此要关注路演脚本的技术逻辑和商业逻辑,并讲清楚你是怎么解决问题的。路演展示的内容要逻辑思路清晰、语句精练、段落清楚,路演讲解与互动专业且自然。

(一)突出重点

把产品和技术路线阐述清楚,特色竞争优势要重点突出讲解。路演中最重要的就是要表现出诚实、诚恳的态度,回答问题不能吞吞吐吐。当然也不能不懂装懂,应实事求是;手势与动作自然;大赛的时间是严格控制的,路演务必在规定的时间内完成路演,否则,会影响接下来的进度。此外,路演答辩过程中应注意基本的礼仪、着装规范。

(二)避免夸夸其谈

尽量避免使用如"这是市场上最好的产品"或者"价格最低"等语言。这类形容词是没有任何说服力的,只能说明创业者对市场了解得不够深入。路演时要列出你的产品与同类或类似产品对比图表,用图表表示为什么它是最好的,为什么尽管如此它的价格也不是很贵。如果已经获得一些测试结果,要把结果展示出来。记住:有价值的数据比任何形容词都更有力量。

(三)说清经营方法

要说明如何把产品推向市场,在宣传和广告上会采取哪些措施,用什么方式销售,什么时间开始等问题。

(四)避免团队组合不均衡

要说明你的团队成员如何分工,管理上有什么制度约束,人岗是否匹配,如何考核他们的工作等,最好列出管理框架。

(五)说清生产方式

介绍一下你的生产方式,你最初的生产能力怎样,未来三年经营预期如何增长。

(六)准确定位目标客户

要说明你的目标客户是谁、有多少,为什么他们会给你买单,如何使他们来购买你的产品或服务,如何满足他们的需求,你的目标市场在哪里,如何选址等。

(七)说明产品成本

要说明你产品测算成本的来源,说明你的定价策略。

(八)财务数据要有列表

将关键数据列表说明,例如,第一年期望的营业额是多少,第一年期望的净收益是多少,第一年将会偿还多少贷款,需要多久可以完全偿还贷款。另外,要计算你的总投资额、盈亏平衡点、保本销量、投资回收期,这些数据对投资商来说非常重要。

四、投资者感兴趣的问题

（1）一般投资者关注的要点有用户数、日新增、留存率、用户停留时长、使用频率、竞品情况、未来发展方向与空间等，投资者最喜欢看的就是数字和图表。

（2）收入模式必须是清晰的、可信的、明确的、精准的、看得见摸得着的收入模式。对于一个创业公司来说，没有任何东西可以比收入更加重要了。

（3）资金用途和估值。这也是一个创业者和投资者不可回避的问题。你要想好你需要多少钱，准备出让多少股份。不管你的心理价位是多少，你应该明确提出你的要价，可以以此作为谈判的起点。

（4）有可能在三到五年内将公司价值提高一百倍，不管现在值多少钱。

（5）在商业计划书中表现出对资金需求有认真规划，而且确实需要这么多钱。

（6）有其他投资者准备一起投资的商业计划。投资者往往觉得人越多越安全，所以他们通常不喜欢成为交易中的唯一投资者。

（7）有明确的退出方法。投资者希望看到你已经提前做好了安排，让他们能在交易中拿回自己的钱并获得回报。

 拓展实践

请撰写一份商业计划书。

第十一章 创业企业的开办与管理

第一节 创业企业的开办

创业是一种实践

小朱有着强烈的创业梦想。大一时,他就与同学创建了"创客联盟"。他在校内开办打印店,积极进行创业实践,通过这次行动,小朱积累了不少经验。

小朱又通过"创客联盟"组织了创业大赛,从参赛的创业计划书中,获得了很多创业灵感和思路。他相继开办校园外卖平台、兼职创客超市、充当快递跑腿等。在短短一年内,小朱尝试了好几个不同行业领域的经营项目,由于缺乏好的经营模式和创意,这些经营项目最终都停滞了下来。

几次创业失败的经验,让小朱的创业选择逐渐成熟起来。他通过在学校发放问卷,调查同学们的消费方式,通过严谨的市场分析最终选择启动"斑马生活奶茶吧"的创业项目。

小朱和合伙人筹集了2万元资金,并将项目报到学校,得到学校创新学院支持后,获得创业导师投资10万元,他们向学校申请得到了一块营业用地。由于资金不足,小朱和合伙人自己动手装修房子,亲自选购原料、设备。他说:"通过那次经历,我学会了货比三家,学会了如何洽谈生意。"

由于创业准备非常充分,奶茶吧一开业就得到了顾客的认可,生意兴隆。这给小朱带来了很大信心。创业之路是艰辛而曲折的,奶茶吧运营不久就出现了技术不成熟、产品味道欠佳、资金周转不灵等问题。创业团队团结一心,共同想办法、找出路,闯过了难关。

现在,小朱的"斑马生活奶茶吧"项目已经实现了赢利,现金流很稳定,经营管理也日益规范。

点评:创业,要善于积累经验,寻找商业机会;创业,要做好充分的前期调研,找准项目;创业,要组建有凝聚力的创业团队;创业,要有能经得起失败的心理素质。

一、了解企业常识

（一）企业创办常识

1. 企业的含义

企业一般是指以营利为目的，运用各种生产要素（土地、劳动力、资本、技术和企业家才能等），向市场提供商品或服务，实行自主经营、自负盈亏、独立核算的法人或其他社会经济组织。

在商品经济范畴内，作为组织单元的多种模式之一，企业按照一定的组织规律，有机构成的经济实体，一般以营利为目的，以实现投资人、客户、员工、社会大众的利益最大化为使命，通过提供产品或服务换取收入。它是社会发展的产物，因社会分工的发展而成长壮大。企业是市场经济活动的主要参与者；在社会主义经济体制下，各种企业并存共同构成社会主义市场经济的微观基础。

现代经济学理论认为，企业本质上是"一种资源配置的机制"，其能够实现整个社会经济资源的优化配置，降低整个社会的"交易成本"。

2. 企业的类别

企业根据不同的标准也可以分为不同的类型。

（1）企业根据规模的大小不同，可分为大型企业、中型企业、小型企业、微型企业。

（2）企业根据组织的形式不同，可分为独资企业、合伙制企业、股份制企业。

（3）企业根据经济成分不同，可分为国有企业、集体企业和私营企业。

（4）企业根据资源密集程度不同，可分为劳动密集型企业、资金密集型企业和技术密集型企业。

（5）企业根据经营性质不同，可以分为工业企业、商业企业、农业企业、金融保险企业、房地产开发企业、交通运输企业、旅游服务企业、餐饮娱乐企业、邮电企业、中介服务业等。

（二）创办企业的前提条件

创业者在决定创办企业之前，首先应该认真全面思考何时设立企业为好。大量的调查表明，企业的设立时机得当与否对新创企业的成败有着重要的影响。一般来说，具备以下一个或几个条件时，设立企业才有可能成功。

1. 具备设立企业的外部环境

创业需要有适当的制度环境、政策环境、金融环境、市场环境、科技环境和人文环境等。传统计划经济时期个人无法创业，关键原因在于缺少个人创业的经济制度与政策环境。良好的外部环境也为很多创业者提供了设立企业的良好时机。

政府对创业者的帮助和支持表现在对新创企业提供包括房产、水电、通信方面的基础设施，鼓励创业的财政支持和税收等方面的政策支持，以及对特定行业的发展支持等。没有政府政策的支持，新创企业很难在艰苦的投入大于收益的阶段获得持续的发展动力和回报。比如，政府对于高科技企业的创办给予了良好的支持，包括制定具有引导性的政策、制定新的法律法规；建立高新技术创业园区、减免部分新创企业税收；提高新创企业的审批效率；鼓励留学人员创业等。创业者在作出创业决策时，需要考虑新创企业的产品和服务是否符合当地政府的要求,企业的经营业务将受到政府鼓励还是抑制,能够享受哪些优惠政策,需要履行怎样的企业义务。

2. 做老板的强烈意识

很多创业者在做老板的强烈意识下创立了自己的企业。自己创办企业基本上可以选择自己喜爱的事业去开创,按照自己喜欢的方式去做自己喜欢的事情。在自己创办的企业里为自己工作,做自己喜欢的事情,实现自己的人生理想和抱负,是大多数创业者的创业动因。显然,一个没有做老板的欲望的人是无法创业的。因为其不可能有应对创业之挑战、机遇、困难、烦恼的任何心理准备。即使其受人挑动,盲目上阵创办企业,也必然会败下阵来。也正是在这种自己做老板的强烈意识驱动下,很多企业应时而生。

3. 有利的市场机会

市场机会的出现使创业者意识到机会的到来,有准备的创业者会适时创立自己的企业。寻找市场空白,这可能是最直接有效的发掘市场机会的方法了。有空白就存在着巨大的消费需求。但问题是创业者本人看到的市场空白,别人往往也能看到,即使你先看到,也容易被后来者模仿甚至超越。

4. 能创造市场的产品

这是创业者起步创业的最为直接的可能性。清华大学材料系的一名学生发明了多媒体超大屏幕投影电视,该产品曾在清华大学第二届学生创业大赛获得一等奖及首届全国大学生科技创业大赛一等奖,被专家称为"具有革命意义的产品"。以这一技术为核心技术,由当时清华大学几名在校学生创立的高科技企业某科技发展公司注册成立了。由于其产品具有广阔的市场潜力,该公司很快获得 250 万元的风险投资,从此走上了快速发展的道路。

5. 能创造市场的商业模式

21 世纪是信息时代,互联网的飞速发展极大地推动了信息的数字化和网络化,信息的获取和传递变得非常容易,目前网上用户已超过 5 亿人,一些著名的大公司和中小公司纷纷上网,通过互联网获取和发布信息,直接进行网上交易。借助互联网的顾客可以随时在网上购物,公司可以利用互联网为消费者提供适时、特定服务,企业之间也可以通过互联网进行产品销售或购买,因此在互联网上蕴藏着大量的商机。

由于 B2C(企业对顾客)模式在中国已经有了一定的发展。同时,B2B 电子商务在未来具有很好的发展前景,一大批 B2B 电子商务公司在世界各地不断地涌现出来。由此可以看到,一个有着巨大市场潜力的商业模式也能带动大批企业的创立。

6. 能掌握独立创业的独特资源

这里说的独特资源有很多种,例如获得了某种有利于自己独立创业的特许权。创业者一旦拥有了这类权利,就不会遇到过多的竞争者,就不会进入一个拥挤的市场,创业成功的概率自然会大大提高。

(三) 企业的组织形式

依据我国现行法律规定,个人创办新企业的组织形式主要有个人独资企业、公司制企业、合伙企业。不同的企业类型有着不同的设立条件和注册资本限额。

1. 个人独资企业

个人独资企业,是指由一个自然人投资,全部资产为投资人所有的营利性经济组织。

独资企业是一种很古老的企业形式,至今仍广泛运用于商业经营中,其典型特征是个人出资、个人经营、个人自负盈亏和自担风险。

2. 合伙企业

合伙企业,是指自然人、法人和其他组织依照《中华人民共和国合伙企业法》在中国境内设立的普通合伙企业和有限合伙企业。合伙企业由各合伙人订立合伙协议,共同出资、合伙经营、共享收益、共担风险,并对合伙企业债务承担无限连带责任。

3. 公司制企业

公司制企业是指符合法律规定的股东出资组建,股东以其出资额为限对公司承担责任,公司以其全部资产对公司的债务承担责任的企业法人。

(四) 创办企业必须了解的法律

与创业相关的法律大致分为以下六类。

1. 企业设立期间的商业行为活动法律关系的法律

包括《中华人民共和国公司法》《中华人民共和国合伙企业法》《中华人民共和国个人独资企业法》《中华人民共和国企业破产法》《中华人民共和国公司登记管理条例》等。这些法律法规规范的是企业设立期间的商业行为活动,包括企业要符合的条件、企业组织的设立和企业制度的设立等问题。

2. 规范企业劳动关系的法律

包括《中华人民共和国劳动合同法》《中华人民共和国就业促进法》《中华人民共和国社会保险法》《工伤保险条例》及各地区最低工资标准规定等。这些法律法规都是处理好企业与劳动者之间的劳动关系,发挥劳动者的积极性,使企业创造更高效益的不可或缺的武器。

3. 与知识产权相关的法律

包括《中华人民共和国专利法》《中华人民共和国商标法》《信息网络传播权保护条例》《计算机软件保护条例》等。当代大学生的创业类型主要是智力型产业,知识产权对于这些企业的重要性毋庸置疑、不可或缺。掌握好这类法律法规,除了能更好地保护自身的知识产权权益,同时也能更好地保护他人,避免自身的创业行为侵犯他人的知识产权。

4. 企业市场交易活动法律关系的法律

包括《中华人民共和国产品质量法》《中华人民共和国反不正当竞争法》《中华人民共和国反垄断法》《中华人民共和国广告法》《中华人民共和国消费者权益保护法》等。这部分法律法规主要调整的是经营者与其他经营者、经营者与消费者之间的法律关系,其目的是规范经营者的合法经营,促进公平交易。

5. 规范国家宏观调控行为的法律

包括《中华人民共和国环境保护法》《中华人民共和国对外贸易法》《中华人民共和国企业所得税法》等。这些法律都是调整政府与经营者之间的法律关系,是政府对经营者的行为进行宏观调控的必不可少的法律规范。

6. 纠纷解决相关的法律

如《中华人民共和国民事诉讼法》《中华人民共和国刑事诉讼法》《中华人民共和国行政诉讼法》《中华人民共和国仲裁法》《中华人民共和国劳动争议调解仲裁法》等,这些法律都是调整诉讼法律关系的重要法律。

二、准备企业开办

（一）选择企业的组织形式

创业者在创办企业的时候，必须解决的一个重要问题是企业应选择什么样的组织形式。这个决策主要取决于创业者和公司投资者的目标，并考虑纳税地位、承担的法律责任及在企业经营和融资活动中的灵活性。

一个新创企业可以选择不同组织形式，但无论选择怎样的形式，都必须根据国家的法律法规要求和新创企业的实际，科学衡量各种组织形式的利弊，决定合适的组织形式。

1. 不同形式企业中创业者的权利与义务比较

表 11-1 是个人独资企业、合伙企业和有限责任公司的投资人的权利与义务对比表。

表 11-1　个人独资企业、合伙企业和有限责任公司投资人的权利与义务对比表

企业组织形式	权　利	义　务
个人独资企业	所有权属于投资者个人，投资者对该企业拥有绝对的管理、处分和收益权	承担无限连带责任：当企业的财产不能够偿还企业债务时，所有者必须以个人的其他财产承担偿还债务的责任
合伙企业	亲自或选举代表管理企业事务的权利、决定企业重大事务的权利、了解企业财务和经营状况的权利、对企业事务提出异议的权利、分配企业利润的权利、退出合伙企业的权利	合伙人不得自营或者同他人合作经营与本合伙企业相竞争的业务；各合伙人承担连带责任的清偿比例应当按照合伙协议对利润和损失的分配比例来计算
有限责任公司	股东有权查阅股东会会议记录和公司财务会计报告；股东按照出资比例分取红利；公司新增资本时，股东可以优先认缴出资；但股东在公司登记后，不得抽回出资；股东之间可以相互转让其全部出资或者部分出资；股东向股东以外的人转让其出资时，必须经全体股东的半数以上同意；不同意转让的股东应当购买该转让的出资，如果不购买该转让的出资，视为同意转让；股东同意转让的出资，在同意转让的条件下，其他股东对该出资有优先购买权	公司股东只就其出资额为限对公司承担责任

2. 不同法律形式企业的利弊比较

不同的企业制度不仅在法律形式与规定上有着较大的差别，而且其适用程度随创业者选择的新企业的法律制度的不同也有很大的变化。因此有必要对创业者所选择的各种企业组织形式进行利弊比较分析。

（1）从新事业启动成本方面进行分析。

对于白手起家的创业者而言，启动成本无疑是他们创建自己企业的第一个障碍。越复杂的组织，创办成本也越高。相比来讲，费用最少的是个人独资企业，只需投入注

册企业或商品名的费用即可。在合伙企业中,除注册外还要订立合伙协议,这就涉及一些专业中介机构的咨询成本及谈判成本。有限责任公司和股份有限公司相对来讲比较"昂贵",因为其在成立前需要履行一系列法律所规定的程序,这就不可避免地会产生系列费用。

(2)从新事业的稳定性方面进行分析。

无论对于创业者、投资者还是消费者,企业能否长久的存续,是否能够稳定地发展下去都是他们最关心的问题之一。个人独资企业完全基于创业者个人能力、资金等因素而发展,如果创业者个人情况发生改变,独资企业的稳定性就会发生动摇。而在合伙企业中,合伙人之间的信任是建立合伙企业的基础,如果有合伙人退出就可能导致创业失败。退伙包括正常退伙、当然退伙和强制退伙。有限责任公司与股份有限公司在各种企业形式中拥有最好的稳定性,由于董事会在公司治理中起到了十分重要的督导作用,因此股东的死亡或退出对企业的连续性基本上无太大的影响。

(3)从权益的可转让性方面进行分析。

所有者对于企业的权益是否容易转让决定着所有者财产的流动程度。在个人独资企业里,创业者有权随时出售或转让企业的任何资产。在合伙企业中,除非合伙协议允许或其他合伙人同意,合伙人一般不能出售企业的任何权益。而在有限责任公司与股份有限公司里,股东在出售企业的权益方面有很大的自由。特别是股份有限公司,一般股东可以在任何时间不经其他股东同意就转让自己的股份。公司董事、监事、经理应当向公司申报所持有的本公司的股份,并在任职期间内不得转让。

(4)从获得增加资金的方面分析。

一般而言,新创企业增加资金的机会和能力依据企业形式的不同而有很大的区别。对个人独资企业而言,任何新资金只能来自一些贷款和创业者个人的追加投资。合伙企业可以从银行借贷,也可以要求每个合伙人追加投资或者吸收新的合伙人。而在有限责任公司与股份有限公司里则有很多途径可以增加资金,要比企业的其他法律形式有更多的选择渠道。股份有限公司可以发行股票、发行债券或者直接向银行贷款。

(5)从管理控制方面分析。

在许多新创企业中,创业者希望尽可能多地保留对公司的控制权。不同的企业形式都给管理控制和决策责任带来不同的机会和问题。在个人独资企业里,创业者有最大的控制权,可以灵活制订企业决策。在合伙企业中,一般由合伙人根据合伙协议协商解决日常及关键性问题。而有限责任公司与股份有限公司的日常业务控制权掌握在职业经理的手中,但大股东却有权投票决定公司较重要的长期决策。按照公司制度的设计要求,法人公司中的管理权和控制权进行了适当分离。

(6)从利润与损失的分配方面分析。

毋庸置疑,利润最大化和损失最小化是创业者的目标,因此利润与损失分配问题也是创业者选择企业组织形式时需要着重考虑的问题。个人独资企业的业主取得企业经营中的所有利润,同时他们也要为经营中所有损失承担无限责任;在合伙企业里,利润与损失的分配取决于合伙人出资的份额或合伙协议;有限责任公司与股份有限公司一般严格按照股东的出资比例分配利润和承担损失。

（7）从对筹资吸引力方面分析。

由于个人独资企业和合伙企业对企业的债务承担无限责任,因此任何债务性融资对他们来讲都是一件需要慎重考虑的决策;相比而言,有限责任公司和股份有限公司仅对企业的债务承担有限责任,因此,无论是债务性融资还是权益性融资都对公司的吸引力要强许多,当然,公司实力越雄厚,筹资就越容易。

（二）公司设立的前期准备

创业者在创办一家新的公司之前,要做好以下几方面准备。

1. 组织公司股东

股东即公司的出资人,也称为投资者,成立一家公司首先就是要组织一定数量的投资者。除国家有禁止或限制的特别规定外,有权代表国家投资的政府部门或机构、企业法人、具有法人资格的事业单位和社会团体、自然人都可以成为公司的股东。

2. 确定公司名称

申请名称预先核准的时候,应当提交下列文件:全体股东签署的公司名称预先核准申请书;股东的法人资格证明或者自然人的身份证明。

3. 确定公司地址

第一,公司的地址必须与准备递交申请的注册机构的级别相一致,例如,准备在重庆市江北区工商局注册一家有限公司,则不能将公司地址定在万州区。

第二,公司地址所在地必须具备完整的产权证明文件。产权证明文件证明该所在地归谁所有,一般是指房产证,或者是购房合同加上银行按揭证明。房产证明是拿给工商局作确认用的,确认完了会退回给业主。

第三,一个地址只能注册一家有限公司,如果定的地址以前已经注册过一家公司而且那家公司现在还没有搬走或注销,那么现在就不能用来再注册一家公司,即使是原来的公司搬走了,也要确认那家公司有没有办理地址变更手续。

第四,有些地方的工商局对注册有限公司的房屋等级有所要求,创业者在注册之前必须了解当地的规定,或者到工商局先咨询清楚。

第五,如果公司建筑的所有权不属于任何一个股东,那么必须由其中一个股东与业主签订一个租赁合同,在签订租赁合同之前一定要弄清楚上面所说的几点。租赁合同一般要签一年以上,这跟公司的经营期限是相关联的,例如你签的租赁合同期是一年,那么工商局批给你的经营期限最多也是一年,到期必须办理延期手续或者将公司注销,办理延期手续的时候必须递交新的租赁合同。

4. 确定公司经营范围

经营范围是指国家允许企业法人生产和经营的商品类别、品种及服务项目,反映企业法人业务活动的内容和生产经营方向,是企业法人业务活动范围的法律界限,体现企业法人民事权利能力和行为能力的核心内容。根据《中华人民共和国公司法》的规定,对公司的经营范围有以下要求:公司的经营范围由公司的章程规定,并依法登记。公司可以修改公司章程,改变经营范围,但是应当办理变更登记。公司的经营范围中属于法律、行政法规规定须经批准的项目,应当依法经过批准。

可见,公司的经营范围必须进行依法登记,也就是说,公司的经营范围以登记注册机关核准的为准。公司应当在登记机关核准的经营范围内从事经营活动。公司的经营范围中属于法律、行政法规限制的项目,在进行登记之前,必须依法经过批准。

5. 确定股东的出资

(1) 出资方式及比例说明。

① 货币。设立公司必然需要一定数量的货币,用以支付创建公司时的开支和生产经营费用。所以股东可以以货币进行出资。

② 实物。实物是指有形物既能看得见,又可摸得到的东西。机器设备、原材料、零部件、建筑物、厂房等都可用于出资。

③ 工业产权。工业产权是个内容非常广泛的概念,它一般包括发明、实用新型、外观设计、商标服务标记、厂商名称(商号)、货源标记或原产地名称、制止不正当竞争等。抽象地说凡是可用于工业(或是各种生产经营的行为)领域的,能够提高企业市场竞争力并能创造利润的智力创作成果,都属于工业产权。

④ 非专利技术。非专利技术确切地说应当是非专利成果,它是一种无形财产。在广义上,它可以被看作一种特殊的工业产权,但在狭义上,由于未经法定程序授予,也无独占性和明确的时间、地域限制,故被排斥在工业产权之外。

(2) 股东出资必须符合下列要求。

① 股东以货币出资的,应当将货币出资一次足额存入准备设立的公司在银行开设的临时账户。

② 股东以实物、工业产权、非专利技术、土地使用权出资的,必须进行评估作价,并依法办理转移财产或者使用权的手续,这里的手续是指过户手续,比如以房产出资的必须到房管部门办理转让所有权的手续。

资产评估必须找具有法定评估资格的机构(如资产评估公司或会计师事务所)来进行,这些机构对资产评估完后会出具资产评估报告书。

以新建或新购入的实物作为投资的,也可以不经过评估,但要提供合理作价证明。建筑物以工程决算书为依据,新购物品以发票上的金额为出资额。

③ 股东应当足额缴纳公司章程中规定的各自所认缴的出资额。股东全部缴纳出资后,必须经过法定验资机构(如会计师事务所)验资并出具证明。

资产评估和验资是不同的,资产评估是指评价出实物、工业产权等的具体价值,验资是指证实具体出资的真实性及合法性。

6. 确定公司的组织管理结构

(1) 股东大会。股东大会行使下列职权:决定公司的经营方针和投资计划;选举和更换董事,决定有关监事的报酬事项;选举和更换由股东代表出任的监事;审议批准董事会的报告。

(2) 董事会。董事会可以视为股份公司的权力机构的执行机构,由两个及以上的董事组成。董事会是公司经营决策机构,董事会向股东大会负责。董事会的职权包括:决定公司的生产经营计划和投资方案;制订公司的年度财务预算方案、决算方案;制订公司利润分配方案和弥补亏损方案;制订公司增加或减少注册资本以及发行公司债券方案;制订公司合并、分立、解散或者变更公司形式的方案;决定公司内部管理机构的设置;决定聘任或解聘公司经理及其报酬事项,并根据经理的提名决定聘任或者解聘公司副经理、财务负责人及其报酬事项;制定公司的基本管理制度;公司章程规定的其他职权。

（3）总经理。总经理的主要职责是负责公司日常业务的经营管理,经董事会授权,对外签订合同和处理业务;组织经营管理班子,提出任免副总经理、总经济师、总工程师及部门经理等高级职员的人选,并报董事会批准;定期向董事会报告业务情况,向董事会提交年度报告及各种报表、计划、方案,包括经营计划、利润分配方案、弥补亏损方案等。

三、注册新的企业

（一）企业创办的方式

创业者决心创业时,需要考虑采取何种创业方式,是独创,还是合伙,或是收购。为此,要将自己的经营能力、可动用经营资源与可能选取的创业方式作一番慎重评估,再做出决定。

1. 独创

独创是指创业者独立创办自己的企业。在现代社会,个人独立创业成为一种很平常的现象,创业者往往通过工艺创新、市场营销创新等非技术创新而成功地创建企业。

独创企业的特点在于产权是创业者个人独有的,而且产权清晰意味着不会与其他个人或团体产生产权纠纷。企业由创业者自由掌控,创业者可按自己的思路来经营和发展自己的企业,可以最大限度地发挥个人的智慧与才能;企业利润归创业者独有,无须担心他人分利;同时也不存在其他所有者,无须迎合其他持股者的利益要求和其对企业经营的干扰,这是十分有利的。

但是,独创企业也存在着不利的方面,主要表现在以下几方面。

（1）创业者需要独自承担风险。虽然创业者个人的利益是独立的,但其风险也是独立的,创业者需要独立承担创业中的任何风险。这在激烈竞争的市场环境中,往往是极为危险的。

（2）创业资金筹措比较困难。由于独创企业在法律上不得不采取业主制的组织形式,在企业组织的存续上存在先天性缺陷。因此,这类企业往往很难得到金融机构的信贷支持。

（3）财务压力大。设立和经营企业的一切费用必须由创业者个人独立承担,创业者将面对较大的财务压力。

（4）个人才能的限制。创业者的智慧和才能终究是有限的,独创企业设立、运营和发展过程必然会受到个人智慧、才能不足的制约。

（5）难有优秀的管理团队。独创企业很难有优秀的管理团队。任何具有较强创新与创业精神的员工都不会心甘情愿地长期服务于这样的企业,且由于高层员工不是企业的股东,他们极易与创业者离心离德。

2. 合伙

合伙是指加入他人现有企业或与他人共同创办企业。创业者需仔细考虑采用这种方式发展企业的可行性。合伙创办企业有利于弥补企业扩张时的资源不足,能对市场竞争和市场机会更快地做出反应。作为一种扩张策略,有效地利用合伙战略需要创业者认真地评估形势和合作者。

与独创企业相比,合伙企业有以下几个优势。

(1) 共担风险。由于合伙企业存在两个或两个以上创业者,在风险承担方面创业者可以共同分担,在遇到各种困难时可以一起克服。

(2) 融资较易。在合伙企业中吸纳具有融资优势的个人加入,有利于解决个人独创企业融资难的问题。

(3) 优势互补。由于合伙企业的创业者为两人或更多人,创业者的智慧、才能以及资源可以互补,只要团队结构协调合理,即可以形成一定的团队优势。

但是,合伙企业也存在一些问题,主要表现在以下几方面。

(1) 产权关系不明晰,关系难处。合伙企业往往会遇到产权关系难以处理的问题。特别是合伙创业起步之初,往往需要某些无形资产持有者的加入,但无形资产的股份难以合理确认,且当企业发展到一定程度时,无形资产提供者在企业中的地位和利益往往会遇到挑战。

(2) 易产生利益冲突。合伙意味着数人的利益交织在一起,团队成员之间的利益关系需要反复磨合,在企业设立、运营发展中不免会产生这样或那样的利益矛盾。一旦利益关系出现大的不协调,就可能导致企业存续和运营的危机。

(3) 易出现中途退场者。当团队内部出现了较大的利益矛盾,或是某些团队成员遇到了更好的机会,还有某些团队成员已有能力独立创业,以及某些团队成员畏惧创业中出现的困难时,这些成员就可能退出现有的创业团队,一旦有人退出,就有可能影响合伙创业的进程,以致影响到新创企业的发展。

(4) 企业内部管理交易费用较高。常言道"人多嘴杂",企业设立、运营和发展都需要有集体决策,如果团队内部沟通不好,关系不和谐,往往会形成大事小事皆议而不决的局面。

(5) 企业发展目标不统一。由于各合伙人的商业目的不一致,可能导致企业发展方向不统一。

3. 收购

投资收购现成的企业,包括既有企业并购(经营成功企业并购、待起死回生企业收购)和购买他人智能(知识产权的收购、特许加盟)等方式。客观地看,创业不外乎是培育某种财富生产能力,为自己创造利润,为社会提供福利。因此,投入资金,通过产权交易,直接变他人的财富制造能力为自己所有,也不失为创业的可行途径。

(1) 收购企业的优点。

① 迅速进入。新创企业进入市场时总会遇到这样或那样的障碍。诸如技术壁垒、规模壁垒、市场分割壁垒、政府许可壁垒。收购最基本的特性就是可以省掉很长的时间快速获得现成的管理人员、技术人员和设备,可以迅速建立一个产销据点,有利于企业快速做出反应,抓住市场机会。如果被收购企业是一个赢利企业,收购者可以迅速获得收益,从而大大缩短了投资回收年限。

② 迅速扩大产品种类。收购方式可以迅速增加母公司的产品种类。尤其是原有企业要跨越原有产品范围而实现多样化经营时,如果缺乏有关新的产品种类的生产和营销技术经验的话,显然采取收购方式更为稳当。

③ 选择性大。目前,我国不少行业的生产能力是过剩的。如在轻工行业,某些产品的生产能力超过市场需求的 25％,有些甚至超过 100％。其他行业也有相似的情况,这就给购买他人的生产能力提供了较大的选择空间。创业者关键是要在可能的购买对象中作出恰当的选择。

④ 利用原有的管理制度和管理人员、技术。采取收购作为直接投资的方式,可以不必重新设计一套适合当地情况的经营管理制度,这样可以避免出现因对该领域或该地区的情况缺乏了解而引起的各种问题。收购技术先进的企业可以获得该企业的先进技术和专利权,提高公司的技术水平。

⑤ 采用被收购企业的分销渠道。这样可以利用被购企业已经成形的市场分销渠道以及企业同经销商多年往来所建立的信用。

⑥ 获得被购企业的市场份额,减少竞争。市场份额的增加会导致更大规模的生产,从而实现规模经济。企业可以收购作为竞争对手的企业,然后将它关闭来占据新的市场份额。

⑦ 获得被购企业的商标。收购一些知名的企业往往可以利用其商标的知名度,迅速打开市场。

⑧ 廉价购买资产。一种情况是,从事收购的企业比目标企业更清楚自身所拥有的某项资产的实际价值。另一种情况是,收购不赢利或亏损的企业,可以利用对方的困境压低价格。

⑨ 迅速形成自己的财富生产能力,加快进入市场的速度。在新经济时代,要求企业对市场变化、市场竞争有更高的响应速度。如果新建一种财富生产能力,往往要花数月甚至数年的时间。等到生产能力建成了,市场机会早被他人抓走了。而购买他人现有的生产能力,只需进行必要的技术改造,即可迅速提供市场需要的商品,实实在在地抓住某些赢利良机。

(2) 收购方式存在的缺点。

① 价值评估困难。其一,有的目标企业为逃税漏税而伪造财务报表,存在着各种错误和遗漏,有的目标企业不愿意透露某些关键性的商业机密,加大了评估难度;其二,对收购后企业的销售潜力和远期利润的估计困难较大;其三,商誉等无形资产难以估算,这些无形资产的价值却不像物质资产的价值那样可以轻易用数字表示。

② 失败率高。失败有很多原因,一个重要的原因是被收购企业的原有管理制度不符合收购者的要求。如果原有的管理制度好,收购企业可以坐享其成,无须做很大的改变;若原来的管理制度不符合要求,收购后对其进行改造时习惯原有经营管理方式的管理人员和职工往往对新的管理方式加以抵制。母公司在被收购企业内推行新的信息和控制体系常常是一个困难而又缓慢的过程。另外企业虽然可以通过收购方式获取市场份额和产品技术,但如对被收购企业的产品种类缺乏管理经验,可能无法进行有效的管理,这也会导致收购的失败。

③ 现有企业往往同它的客户、供给者和员工有某些契约关系或传统关系。例如现有企业可能同某些老客户具有长期的特殊关系。该企业被收购后,如果结束这些关系可能在维护公共关系上付出很大代价,然而继续维持这些关系又可能被其他客户认为是差别

待遇。与供给者之间的关系也可能会碰到类似的情况。

④ 转换成本高。一般而言,收购对方的生产能力后,总要对所购入的生产能力进行某些技术改造,这就涉及所谓转换成本问题,包括技术改造成本、原有某些设备提前报废的损失、原有人员进入新岗位的培训费用增加等,这是购买现有企业生产能力时不得不考虑的问题。

⑤ 选择收购对象是个难点。要恰当地选择目标企业,进而购买它,不是一件容易的事情。通常在选择收购对象时,创业者应该考虑如下问题:目标企业目前的市场地位、未来的市场地位,目标企业目前的技术能力、技术能力的成长性,目标企业的负债状况,目标企业目前的经营业绩,目标企业要求的出资方式及其方便性,并购后技术改造需要的增量投资,可能随之增加的企业社会负担等。

⑥ 原有企业的包袱会随之而入。创业者如果收购某个企业,可能导致人力资源管理上的麻烦。现有企业被收购以后,由于企业的整顿往往会产生大量的剩余人员,对这些人员的安置和报酬的支付,在企业的经济效益上或在道义和法律上都会碰到麻烦。

收购过程没有固定的标准,创业者需要综合评估各方面来确定最好选择。因此,在收购过程中,个人理念、良好的商业感觉以及对每个机会谨慎乐观的探索都是无可替代的。有人提出成功收购一个企业的框架,认为必须经过这样几步:确认目标、价值评估以及交易谈判。

(二) 企业注册注意事项和一般步骤

1. 企业开办的注意事项

(1) 法人资格。法人是具有民事权利能力和民事行为能力,依法独立享有民事权利和承担民事义务的社会组织。法人代表必须由董事会任命,内资企业的法人代表可以是有选举权的中国公民,不一定占有股权。法人代表不能有税务不良记录。

(2) 注册资金。个体户和分公司是不需要注明注册资金的,注册资本实行认缴制后,取消了最低注册资本的要求,而且首次不需要实际出资,也无须再提供验资报告,这大大降低了注册公司的成本。

(3) 公司住所。根据相关法律的规定,公司注册的商业产权证上的办公地址最好是写字楼。对大学生创业者来说,目前有很多经济园区或孵化机构可以免费或优惠提供公司住所。

(4) 银行开户。领取营业执照后,需要去银行开立基本账号,各个银行开户要求略有不同。开基本户需要提前准备好各种材料,一般包括营业执照正本原件、身份证、组织机构代码证、公财章、法人章等。基本存款账户是存款人因办理日常转账结算和现金收付需要开立的银行结算账户。基本存款账户是存款人的主办账户,存款人日常经营活动的资金收付及其工资、奖金和现金的支取,应通过该账户办理。

(5) 税务登记。公司在申领营业执照后的 30 天内要到税务局办理税务报到程序,核定税种税率,办理税务登记证。另外,每个月要按时向税务申报税,即使没有开展业务不需要缴税,也应进行零申报。

2. 企业注册的一般步骤

(1) 第一步:核名。注册公司第一步就是公司名称审核。创业者需要通过工商行政管理局进行公司名称注册申请,由工商行政管理局进行综合审定,通过后给予注册核准,并发放盖有工商行政管理局名称登记专用章的《企业名称预先核准通知书》。

在此过程中申办人需提供法人代表和股东的身份证复印件,并提供公司名称 2~10个,写明经营范围、出资比例。公司名称要符合规范,例如:北京(地区名)+某某(企业名)+贸易(行业名)+有限公司(类型)。

(2)第二步:租房。去写字楼租一间办公室,如果你自己有厂房或者办公室也可以,有的地区不允许在居民楼里办公。租房后要签订租房合同,并让房东提供房产证的复印件。

(3)第三步:递交公司章程。可以在工商局网站下载"公司章程"的样本,参照制订,制订好的章程由所有股东签名。

(4)第四步:特殊经营范围审批。特种许可项目涉及旅馆、印铸刻字、旧货、典当、拍卖、信托寄卖等行业,需要消防、治安、环保、科委等行政部门审批。特种行业许可证办理,根据行业情况及相应部门规定不同,分为前置审批和后置审批。

(5)第五步:办理公司登记注册。工商局经过企业提交材料进行审查,确定符合企业登记申请,经工商行政管理局核定,即发放工商企业营业执照,并公告企业成立。

相关材料包括:公司章程、名称预先核准通知书、法人代表和全体股东的身份证、公司住所证明复印件(房产证及租赁合同)、前置审批文件或证件、生产性企业的环境评估报告等。当以上资料全部准备完整之后,就可以向工商行政管理局申请公司的登记注册了,它主要包括以下几个步骤。

第一,凭《企业名称预先核准通知书》,向公司登记机关领取相应的公司登记注册申请表,然后填写表格内容,主要包括公司名称、地址、股东、法定代表人等信息。

第二,准备所有工商局要求的资料,包括:① 法定代表人及自然人股东的相片,一般为大一寸相片,黑白或彩色都可以(在办理一家公司的整个过程中,在不少地方都要贴上相片,法定代表人的相片要准备约十张,股东的相片准备约三张)。② 所有股东的身份证原件及复印件,如果股东有企业法人,则必须准备其营业执照的原件及复印件。如果法定代表人的户口不在公司注册的所在地,必须办理在当地的暂住证。③ 公司董事长签署的设立登记申请书。④ 全体股东指定代表或者共同委托代理人的证明。⑤ 公司章程。⑥ 载明公司董事、监事、经理的姓名、住所的文件以及有关委派、选举或者聘用的证明。⑦ 企业名称预先核准通知书。⑧ 公司住所证明(房屋产权证或能证明产权归属的有效文件。租赁房屋还包括使用人与房屋产权所有人直接签订的房屋租赁协议书或合同)。⑨ 有的工商局还会要求提供其他一些证明,如自然人股东的计划生育证明(结婚证或未婚证)、特殊行业的前置审批及其相关文件,最好在注册之前先到工商局问清楚,将材料能够一次性准备齐全。

第三,由公司全体股东(发起人)指定的代表或共同委托的代理人将上面所有的材料递交给工商局。工商局收到申请人的全部材料后,发给《公司登记受理通知书》。

第四,工商局发出《公司登记受理通知书》后,对提交的文件、证件和填报的登记注册书的真实性、合法性、有效性进行审查,并核实有关登记事项和开办条件。

第五,予以核准的,工商局则会在核准登记之日起 15 日内发《企业法人营业执照》,

公司法定代表人按规定的时间到登记机关办理领照手续，公司法定代表人持《公司登记受理通知书》和身份证在领照窗口领取《企业法人营业执照》。如法定代表人因事不能前来办理领照手续的，可委托专人持法定代表人亲笔签名的委托书及领照人身份证（原件）代领。

（6）第六步：办理公章、财务章。凭工商局市核通过后颁发的营业执照，到公安局指定的刻章社去刻公章、财务章（后面步骤中，均需要用到公章或财务章）。章主要包括：① 公司公章；② 财务专用章；③ 法定代表人私章；④ 合同专用章；⑤ 发票专用章。

（7）第七步：去银行开基本户。领取营业执照后，需去银行开立基本账号，各个银行开户，要求略有不同，开基本户需要提前准备好各种材料。

（8）第八步：办理税务登记并申领发票。税务是公司注册后涉及的比较重要的事务，一般要求企业在申领营业执照后的 30 天内到税务局办理税务报到程序，核定税种税率，办理税务登记证等。

办理税务登记必须准备以下材料：①《企业法人营业执照》原件及复印件；② 法定代表人身份证原件及复印件；③ 公司财务人员的会计证；④ 办税人员身份证原件及复印件；⑤ 银行开户许可证复印件；⑥ 银行账号证明文件；⑦ 公司章程复印件；⑧ 公司住所的产权证明；⑨ 填写税务登记表（可以事先向所在地税务局领取），并加盖公司公章。税务局收到以上材料后，进行审核，如果通过，则发《税务登记证》。

 实践拓展

明晰创业轮廓图

下面的创业轮廓图将帮助你明确自己的创业目标。

1. 企业名称及建立的日期：

_____

2. 企业形式为：□个体　　□合伙　　□有限责任公司　　□股份有限公司

3. 我的顾客主要是：□个人　　□团体　　□公共机关　　□其他（简述）

4. 目前的产品或服务包括：

_____

5. 我的五个最主要的竞争对手是：

_____

6. 可能的竞争来自：□其他公司　　□技术　　□行业人员

7. 我的竞争地位：□弱　　□较弱　　□平均水平　　□较强　　□强

8. 对我的产品或服务的需要在递增/递减：

_____

9. 我可能引进的产品或服务是：

_____

10. 我可能进入的市场是：

_____

11. 本企业与众不同的是：

_____

12. 当前企业最大的营销障碍是：

_____

13. 我最大的营销机会是：

_____

14. 我的总体经营目标和增长计划是：

_____

第二节　创业企业的经营管理

　　江铃于 20 世纪 80 年代中期在中国率先通过引进国际上最新的卡车技术制造五十铃汽车，成为中国主要的轻型卡车制造商。江铃还将具有性价比优势的汽车打入国际市场，海外销售网络已延伸到中东、中美洲的许多国家是中国轻型柴油商用车最大出口商，被商务部、国家发展和改革委员会认定为"国家整车出口基地"，江铃品牌成为商务部重点支持的两家商用车出口品牌之一。

　　作为江西较早引入外商投资的企业，江铃以开放的理念和富于进取性的发展战略，积极吸收世界最前沿的产品技术、制造工艺、管理理念，有效的股权制衡机制、高效透明的运作和高水准的经营管理，使公司形成了规范的管理运作体制，以科学的制度保证了公司治理和科学决策的有效性。江铃建立了 ERP 信息化支持系统，高效的物流体系实现了拉动式均衡生产；建立了 JPS 江铃精益生产系统，整体水平不断提升。

　　公司十分注重人才的培养，充分提供发展的空间，鼓励员工树立终身学习的理念。根据工作需要，公司定期组织大量内、外部培训，同时不定期选送优秀的技术、管理骨干出国培训，或到国内知名高校进行系统培训和深造；员工申请经领导批准后，考取在职研究生毕业时取得学位或毕业证，学费予以报销等优惠政策。

　　江铃集团将"诚信、敬业、创新、合作"的核心价值观融入企业发展的血脉，坚定"成为轻型商用车的行业领导者和福特高性价比产品的提供者"的战略方向，直面汽车新科技领域日新月异的新挑战，迈向更广阔的未来。

　　思考：江铃集团能够发展壮大的原因有哪些？其在经营管理方面有哪些独到之处？

一、企业的经营管理

（一）经营管理的含义

（1）经营是对经济活动具有支配能力的人们为在有利的条件下实现更高的目标或在

不利的条件下实现既定的目标,自觉利用价值规律进行的筹划、营利的活动。它存在于供、产、销的全过程中。

(2)管理是指对企业的生产经营活动进行计划、组织、协调、控制和监督。

(3)经营管理是指为企业的生存和发展所进行的决策,以及为实现这个决策所作的各种行为。

经营管理概念把经营与管理二者结合起来,既包括企业与企业之间的整体活动,又包括企业内部的具体活动。

二、初创企业的管理特点

(一)初创企业的特征

(1)以生存为首要目标的行动阶段。

(2)依靠自有资金创造自由现金流。

(3)充分调动"所有人做所有事"。

(4)创业者亲自深入运作细节。

(二)初创企业的优势和容易出现的问题

1.优势

(1)勇于冒险,创业者充满探索精神。

(2)创业者充满对未来的期望,往往能够容忍暂时的失误,这一时期的创业者对未来的期望值大于已有成就。

(3)内部结构简单,办事效率较高。

2.容易出现的问题

(1)资金不足。① 把短期贷款用于较长时间才能产生效益的投资项目。② 折扣太大以至于不足以弥补变动成本。③ 不容易得到政府和社会团体的直接财力支持、科技上的支持以及银行贷款的支持,因此在经营上就存在资金难以周转的现象,导致资金出现断层。④ 股份转让给对"事业"并不关心的风险资本家。

(2)决策的科学性不够。① 制订企业决策时,没有决策方案的设计、论证和选择,仅靠创业者个人凭直觉拍脑袋,顾此失彼,频频失误。② 企业决策人缺乏对先进管理理念的认知。受个人文化差异和思维模式的限制,决策人往往片面追求企业效益,而忽视对实施先进管理理念必要性的认识及如何实施的了解。③ 没有稳定的企业发展战略规划和发展目标,决策的制订随意性太大,朝令夕改。

(3)制度不完善。① 管理机制不完善,导致监管力度不够,造成资金的流失严重。② 缺乏健全的财务管理体系。大多沿用传统的财务管理模式,企业决策人对款项收支和信用标准缺乏严格的控制,经常随意越权支出;财务人员大多缺乏必要的职业培训和职业素养,致使企业的财务状况一片混乱,既不能及时而准确地反映企业现状,又不能为小微企业的融资发展提供真实有效的凭证。③ 采取权宜之计,又会使企业养成"坏习惯"。

(4)经营风险难以控制。初创企业对经营和管理的风险难以把控,如自己的经营资产和资金状况难以维持,造成企业扩大经营范围和规模的难度增大;有些初创企业没有自己的管理和创新模式,依赖大企业的现象严重;由于对市场的把控不到位,造成了企业对市场的供求关系的掌控不全面,使得自己的运营模式出现问题;有些初创企业没有有效的防御风险机制,导致风险来时不知所措,甚至导致停产或者倒闭。这些因素的出现会导致企业处于困境,使得企业的未来经营难以维系,甚至只能靠政府的扶持才得以维持。

(三)创业初期营销策略的特点

表11-2展现了创业初期营销策略的特点。

表11-2　创业初期营销策略的特点

对比期间	管理风格	运作方式	关注点	重要性
创业初期	随机性强,无章可循	灵活机动,模式不固定	销售工作,卖出东西	保证企业生存
经营期	有章可循,照章办事	规范、固定、渠道顺畅	营销工作,不仅仅卖东西	保证企业发展

(四)创业初期人力资源管理的特点

表11-3展现了创业初期人力资源管理的特点。

表11-3　企业初期人力资源管理的特点

对比期间	人力政策	操作	关注点	重要性
创业初期	少	探索	保证事情有人做	低,作用不明显
经营期	多	按部就班	保证事情由最合适的人来做	高,对各项工作起到协调作用

三、初创企业的经营策略和管理要点

在创业者制订新创企业的发展规划、展望发展前景时,企业的初期策略非常关键。随着企业规模的不断壮大,企业面临的竞争压力可能越来越大,资金来源可能越来越紧张。因此,创业者必须对各种竞争战略进行评估和选择,以确保企业占领目标市场。由于企业在发展的初期,财力和人力资源都相当有限,初期战略往往极不规范,考虑得也不周全。因此,创业者仍需继续寻找市场机会,开发新颖的竞争战略。创业者的初期决策在很大程度上决定了企业未来的发展。

经营战略通俗来说,就是创业者达到目的的方法和途径。如果把企业经营比喻成一段旅途的话,经营战略就是你的日程安排。

(一)三大战略设想体系

比较理想的策略:就是做市场的补缺者,或者是大企业的追随者,以及做大企业的生意伙伴。

不是最理想的策略:经营特色虽然是全行业公认的营销策略,但是以全行业为战略目标,创建新的赢利模式很难,而模仿很容易,往往需要大量资金的投入,才可以打造一个深入人心的品牌。

不建议贸然使用的策略:价格领先策略是一个极富挑战的选择,因为低价策略是以最薄的利润和最激烈的竞争为代价的。如果没有足够雄厚的资金来源,是不可能长期居于价格领先地位的。

（二）成功企业的经营要素

成功企业的经营要素如图 11 - 1 所示，具体分析如下。

（1）要素一：解决顾客困难。成功的企业经营的产品一般都以解决顾客的困难为出发点，而不是从企业现在的开发能力出发去考虑问题的。

（2）要素二：产品有特色。成功的产品设想十分注重开发产品的功能，力求有特色，甚至改变人们的生活消费习惯，在市场中脱颖而出。

（3）要素三：优于同类产品。成功的产品设计经常注意吸收同类产品的优点，同时又优于同类产品。

（4）要素四：引领潮流。成功占有市场的产品通常都是赶超潮流，或者领先于时代的。

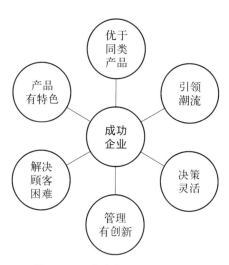

图 11 - 1　成功企业的经营要素

（5）要素五：决策灵活。很多创业成功的人在回忆他们的创业历程时，都认为企业经营的重要内容就是灵活性。一个计划在此时的环境下无法实现，就换换另一个计划继续试行。

（6）要素六：管理有创新。即使是同类企业里，管理创新"不走寻常路"，往往也是企业胜出的法宝。

（三）初创企业管理要点

1. 资料保存

保存资料是有效管理的前提，能够为创业者提供很多有用信息。

（1）销售信息：购买数量、购买金额、购买频率、购买习惯、付款情况等。

（2）成本支出信息：核对账目，保存票据。创业者在创业初期应尽全力按时付款，建立起良好的声誉，并确保及时发货和良好服务。

（3）员工信息。

（4）固定资产信息。

2. 招聘、激励机制与企业文化

（1）完善招聘程序。设计考核应聘者能力的评价标准、笔试、面试。

（2）建立企业激励机制。如物质奖励、股票期权、奖金、加薪。

（3）优秀的、稳定的企业文化。优秀的企业文化包括组织性强，有团队精神，准时，精神与物质激励机制完善，内部沟通顺畅等。创业者是员工的榜样，创业者的精神面貌很重要。

3. 财务管理

（1）财务管理规范化，重视预算。① 从制度上完善，即建立完善的财务管理制度，从报销到入账各个环节都规范起来。② 企业的领导们要把握住管理，有了制度就坚决执行，只有执行了制度，制度才会发生作用，而很多创业者因为业务忙往往都只是有了制度，却没了执行。③ 要建立双人负责的财务监督机制，让财务有人去监督与制衡，防止个人舞弊行为的发生。④ 财务要对股东公开与透明，建立合理的机制。

（2）营运资金充足。凡事预则立，创业路上会遇到太多的突发情况，没有准备，往往会捉襟见肘，苦不堪言。一方面要在自己熟悉的朋友当中，建立起一个信任的拆借圈子，一旦有资金断血的急事时，可以周转。而另一方面，要留足备用金，对眼前可能出现的问题，做充分的判断与准备。

（3）防止坏账。做小本生意，利润本来就相当微薄，如果再遇到坏账，那真的是雪上加霜！为了减少损失，一定要做好债权确保的工作，平时多利用《应收账款明细表》来记录和客户之间的账款往来，而另一种《账务分析表》则有助于了解客户付款的品质、付款习性，并加以管理。

（4）尽量保有营运资金。① 不要轻易且太快付现。② 想办法增加送货速度，加快收款速度。③ 审慎考量财务支出的方式，能租就不要买，注意流动现金。④ 减少存货，降低资金积压成本。⑤ 了解顾客的信用，随时盯紧可能出状况的交易并提早防范。⑥ 瞄准客户中应收账款较高者，并进行严格控管。⑦ 想办法控制薪水的水准与支付方式，善用奖金与红利制度，为企业带来更高的营收。

4. 市场和销售管理

创业者一开始就要重视和规范对市场与销售的管理。

（1）市场份额。① 对企业所占现有市场份额的认真计算。② 对企业所占现有市场份额预估值与实际值的差额进行分析。③ 企业控制占有新兴市场份额非常重要，若新兴市场的市场扩展迅速，而创业者的市场份额增加缓慢时，应予以特别注意。

（2）销售额（运用系统和网络工具）。① 人均每周销售访问次数。② 人均每份销售合同金额。③ 每次销售访问或每笔交易的平均成本。④ 每个销售人员完成交易的数量。⑤ 每个销售人员未完成交易的数量。⑥ 每个销售人员联系的客户数。⑦ 销售总成本。

（3）促销。公司提高促销战略的有效性，控制市场成本，增加产品销量，因此新创企业更需要使用合适的促销手段，例如：了解顾客购买的动机。信息收集要准确，方法得当。

（4）顾客满意度。提供顾客咨询、投诉途径，并且认真处理有关信息。

5. 提高新创企业知名度

（1）借助免费广告与宣传。创业者应积极参与地方性媒体的新闻、节目或专栏，使更多的人了解创业者的产品与服务。

（2）选择广告公司。创业者委托广告公司代理广告业务。选择的广告公司可以帮助创业者制订和实施促销战略，瞄准企业的目标市场。

 课堂讨论

以农村电商企业为例，分组讨论并选一名代表谈谈作为初创企业管理者，你将如何使你的企业满足企业经营六大要素。

主要参考文献

[1] 黄明睿,张进.创新与创业基础[M].北京:高等教育出版社,2018.

[2] 徐俊祥,徐焕然.创未来:大学生创业基础知能训练教程[M].2 版.北京:现代教育出版社,2017.

[3] 冯林.大学生创新基础[M].北京:高等教育出版社,2017.

[4] 田勇,李芳,王勇.创新创业教程[M].天津:天津大学出版社,2017.

[5] 吴满琳.大学生创新创业基础[M].北京:高等教育出版社,2020.

[6] 韩旭.大学生社交与礼仪[M].北京:人民邮电出版社,2010.

[7] 李怀康,梁美娜.职业发展和就业创业指导[M].北京:高等教育出版社,2018.

[8] 王彩凤.大学生职业生涯规划与就业指导[M].北京:中国人民大学出版社,2014.

[9] 施瓦茨.选择的悖论:用心理学解读人的经济行为[M].梁嘉歆,黄子威,彭珊怡,译.杭州:浙江人民出版社,2013.

[10] 沈洁.霍兰德职业兴趣理论及其应用述评[J].职业教育研究,2010(7):9-10.

![高等教育出版社]

教学资源索取单

尊敬的老师:

您好!

感谢您使用**杨诚**等编写的《**大学生职业生涯规划与创新创业**》。为了便于教学,本书另配有课程相关教学资源。如贵校已选用了本书,您只要加入高教社职业素养和创新创业教师交流QQ群,或者关注微信公众号"高职素质教育教学研究",或者把下表中的相关信息以电子邮件发至我社即可免费获得。

我们的联系方式:

高教社职业素养和创新创业教师交流QQ群: 310075759

微信公众号: 高职素质教育教学研究

服务QQ: 800078148(教学资源)　　　　　　　电子邮箱: 800078148@b.qq.com

联系电话: (021)56961310/56718921　　地址: 上海市虹口区宝山路848号　邮编: 200081

姓　　名		性别		出生年月		专　　业	
学　　校			学院、系			教 研 室	
学校地址						邮　　编	
职　　务			职　　称			办公电话	
E-mail						手　　机	
通信地址						邮　　编	
本书使用情况		用于_____学时教学,每学年使用_____册。					

您对本书有什么意见和建议?

您还希望从我社获得哪些服务?

☐ 教师培训　　　☐ 教学研讨活动

☐ 寄送样书　　　☐ 相关图书出版信息

☐ 其他 _____